C.H.BECK WISSEN

In kaum einem anderen Gebiet der Erforschung des Alten Orients hat es in den letzten Jahren so gravierende Veränderungen gegeben wie in der Geschichte Israels. Ob für die Anfänge Israels im ausgehenden 2. Jahrtausend v. Chr., die Königszeit, das Babylonische Exil oder die persische Epoche – viele der klassischen Thesen sind nicht mehr haltbar. Bernd U. Schipper erzählt auf der Grundlage von archäologischen und anderen außerbiblischen Quellen die Geschichte Israels in der Antike neu. So geraten Städte, Ereignisse, Tempel und Kulte Israels in den Blick, von denen die Bibel nichts weiß. Ein «Muss» für alle, die sich auf dem neuesten historischen Forschungsstand über die Geschichte hinter den biblischen Geschichten informieren wollen.

Bernd U. Schipper, geb. 1968, ist Professor für Altes Testament mit dem Schwerpunkt «Geschichte Israels in der altorientalischen Welt» an der Humboldt-Universität zu Berlin. Seine Forschungsschwerpunkte sind die Geschichte und Religionsgeschichte Israels, die kulturellen Beziehungen zwischen Israel und Ägypten sowie die alttestamentliche Weisheitsliteratur.

Bernd U. Schipper

GESCHICHTE ISRAELS IN DER ANTIKE

Verlag C.H.Beck

Für Jan und Carl

Mit 4 Karten und 2 Abbildungen

Abbildungen der Münzen: Maria Bruske
Karten: Peter Palm, Berlin, nach einem Entwurf von B. U. Schipper unter Mitarbeit von M. Bruske

Originalausgabe

Satz: C.H.Beck.Media.Solutions, Nördlingen
Druck und Bindung: Druckerei C.H.Beck, Nördlingen
Reihengestaltung: Uwe Göbel, München
Umschlagabbildung: König Jehu von Israel wirft sich vor dem assyrischen König nieder. Relief auf dem Schwarzen Obelisk Salmanassars III., 841 v. Chr.,
© www.BibleLandPictures.com/Alamy Stock Photo
ISBN 978 3 406 72686 6

www.chbeck.de

Inhalt

Einleitung

In kaum einem anderen Gebiet der Erforschung des Alten Orients hat es in den letzten zwanzig Jahren so einschneidende Veränderungen gegeben wie in der Geschichte Israels. Glaubte man früher, dem biblischen Bild weitgehend folgen zu können, so besteht mittlerweile kein Zweifel mehr daran, dass die Bücher des Alten Testaments nur einen Ausschnitt der historischen Abläufe bieten – und an vielen Stellen noch nicht einmal das. Es sind theologische Texte, die unter Verweis auf die Vergangenheit die Gegenwart erklären und für die Zukunft Orientierung geben wollen.

Es ist ein Kuriosum der Forschungsgeschichte, dass ausgerechnet jene Forscher zu dieser Erkenntnis beigetragen haben, die eigentlich die historische Wahrheit der Bibel beweisen wollten. Von den Anfängen der archäologischen Erforschung des antiken Israel im 19. Jahrhundert bis zur Gegenwart waren es oftmals strenggläubige Gelehrte, die mit der Bibel unter dem Arm Ausgrabungen durchführten – nur um dann ernüchtert festzustellen, dass das, was die Archäologie zutage förderte, dem biblischen Bild wenig bis gar nicht entsprach.

In der hier vorgelegten Darstellung geht es weder um den Glauben von Wissenschaftlern noch um die politische Dimension der Archäologie Palästinas/Israels. Vielmehr steht eine kritische Rekonstruktion der Geschichte des antiken Israel im Mittelpunkt, wie sie sich anhand außerbiblischer und biblischer Quellen erschließen lässt. So will dieses Buch Grundlinien entfalten, die durch das Dickicht von Funden, Texten und Objekten führen können. Wer tiefer in das Thema einsteigen möchte, findet in den einzelnen Kapiteln kurze Hinweise auf altorientalische Textsammlungen wie das *Historische Textbuch zum Alten Testament* (HTAT) und am Ende des Buches weiterführende Literatur.

Antikes und biblisches Israel

Jede Darstellung der Geschichte Israels beginnt mit einer grundlegenden Unterscheidung. Die Geschichte, die das Alte Testament erzählt, entspricht oftmals nicht dem, was sich anhand von Archäologie und außerbiblischen Texten rekonstruieren lässt. Wer sich einmal mit der Literatur des Alten Orients befasst hat, den verwundert dies nicht. Altorientalische Königsinschriften enthalten eine politische Theologie, die «Geschichte» unter einem bestimmten Blickwinkel erzählt. Bestes Beispiel dafür ist die berühmte Schlacht bei Qadesch im Jahr 1274 zwischen Ramses II. und dem Hethiterkönig Muwatalli II. Wer die ägyptischen Texte über die militärische Auseinandersetzung rund 25 Kilometer südwestlich des heutigen Homs (Syrien) liest, der bekommt das Bild eines glänzenden Sieges vermittelt (HTAT 78). Der Pharao höchstpersönlich hat die Feinde in die Flucht geschlagen. Die hethitischen Quellen zeichnen jedoch ein völlig anderes Bild. Nicht Ramses II. hat gewonnen, sondern Muwatalli II.

Der Grund für die unterschiedliche Darstellung liegt nicht etwa in einer bewussten Geschichtsfälschung, sondern im altorientalischen Weltbild: Der König war der Garant der Ordnung (in Ägypten: *Maʿat*) und hat von der Gottheit die Insignien der Macht erhalten, um den Bestand der Welt zu sichern. Täte er es nicht, würde die Welt im Chaos versinken. In einer ägyptischen Darstellung muss der Pharao als Sieger aus der Schlacht hervorgehen, weil die Feinde als Repräsentanten des Chaos galten. Auch wenn sich die alttestamentlichen Texte in manchem von der altorientalischen Literatur unterscheiden, gibt es doch eine grundlegende Gemeinsamkeit. Es handelt sich um religiöse Literatur, die auf eine Ebene jenseits der politischen Ereignisse abzielt.

Da der Wert der Bibel als historische Quelle sehr begrenzt ist, wird in dieser Darstellung nur an wenigen Stellen auf alttestamentliche Texte Bezug genommen. Dazu gehören die «Tagebücher» der Könige Israels und Judas, auf die in den Königebüchern regelmäßig verwiesen wird (1. Kön 14,19 bis 2. Kön

24,5). Aus dem Alten Orient ist bekannt, dass es am Königshof Annalen gab. Der ägyptischen Erzählung des Wenamun (11./10. Jh.) zufolge verfügte der Stadtkönig von Byblos über «Tagebücher seiner Väter», in denen Geldzahlungen für Handelsware verzeichnet waren (HTAT 100, Z. 2,8f). Das Beispiel belegt die Existenz von Annalen mit historisch-archivarischem Interesse, allerdings wurden bislang keine direkten altorientalischen Parallelen für die alttestamentlichen Annalennotizen gefunden. Die babylonische Chronik aus dem 7. und 6. Jahrhundert nennt Regierungsdaten und wichtige Ereignisse, macht aber keine Angaben über das Alter des Königs bei Regierungsantritt und die Länge seiner Regierungszeit. In der Folge wird auf den Kern der Annalennotizen, die Abfolge der Könige Israels und Judas, Bezug genommen, von weiteren Schlussfolgerungen jedoch abgesehen. Denn die Annalennotizen bieten an manchen Stellen einen Blickwinkel, der nicht weit von der «deuteronomistischen» Geschichtsschreibung entfernt ist (S. 11) – streng auf Juda ausgerichtet und mit einem klaren Fokus auf Jerusalem (1. Kön 14,25–27).

Das Land und der Raum

Die Geschichte des antiken Israel erschließt sich vor dem Hintergrund der geographischen Verhältnisse. Das Land der Bibel, «Palästina/Israel», war ein Teil der südlichen Levante. Es umfasste ein Gebiet, das im Süden am Roten Meer beginnt, über das Tote Meer nach Norden verläuft und gut 45 Kilometer oberhalb des Sees Genezareth endet *(Karte 1)*.

Mit «Palästina» bzw. «palästinisch» wird eine antike Begrifflichkeit aufgenommen und keine moderne. Bei Herodot (Hist. I, 05) bezeichnet Palästina (von aramäisch *p^{e}lištāʾīn*) das Siedlungsgebiet der Philister. Im Jahr 135 n. Chr. ist «Palästina» als Bezeichnung der römischen Provinz *syria palaestina* belegt.

Palästina/Israel war kein großes Land. Von Dan an der Nordgrenze Israels bis nach Jerusalem waren es nur rund 160 Kilometer, vom philistäischen Aschdod an der Mittelmeerküste nach Jerusalem rund 60 Kilometer und vom Südende des Sees Genezareth bis zum Toten Meer gerade mal 105 Kilometer. Bedenkt man, dass die durchschnittliche Tagesleistung eines Menschen in biblischer Zeit bei rund 30 Kilometern lag, dauerte die Reise von Jafo nach Bethlehem etwas mehr als zwei Tage. Man konnte das Land in recht kurzer Zeit bereisen.

Palästina/Israel ist ein Land mit sehr unterschiedlichen Gesichtern: von der Wüste im Süden über das kleinräumige Bergland, in dem in jedem Tal eine eigene Welt liegt, bis hin zur fruchtbaren Jesreel-Ebene. Das Kernland der Bibel, Juda, in späterer Zeit auch Jehud oder Judäa genannt, war von den wichtigen Handelswegen und -zonen abgeschnitten. Es besaß keinen Zugang zum Meer; auf der Westseite lagen die Hügelketten der Schefela und auf der Ostseite fiel das Land zur Wüste Juda ab. Im Norden lag das ephraimitisch-samarische Bergland, das ab der Spätbronzezeit eine eigene politische Einheit bildete. Hinzu kam der Bereich, dem in besonderem Maße die Aufmerksamkeit der altorientalischen Großreiche galt: die Küstenebene mit den philistäischen Städten im Süden und den phönizischen im Norden sowie dem wichtigen handelspolitischen Zentrum Megiddo am Rande der Jesreel-Ebene.

Es ist geradezu eine Gesetzmäßigkeit der Geschichte Israels, dass die Könige von Samaria und Jerusalem nur dann von den Herrschern der altorientalischen Großreiche wahrgenommen wurden, wenn sie in geopolitisch wichtiges Gebiet vorstießen oder sich an politischen Koalitionen gegen die jeweilige Hegemonialmacht beteiligten. Diese zeigt sich bereits im 14. Jahrhundert bei dem Herrscher des spätbronzezeitlichen Stadtstaates Sichem und lässt sich bis ins 2. Jahrhundert verfolgen. Für die ägyptischen Pharaonen, die neuassyrischen und babylonischen Könige oder die ptolemäischen und seleukidischen Herrscher war das eigentliche Kernland Israels und Judas, das samarische und judäische Bergland, von geringer Bedeutung. Das Interesse der altorientalischen Großreiche galt der Kontrolle der Handelswege und der geopolitisch wichtigen Küstenebene.

Geschichten und Geschichte

Ob in den Königebüchern, bei Esra und Nehemia oder in den Büchern der Chronik – das Alte Testament bietet höchst unterschiedliche Geschichtsentwürfe. In diesen geht es nicht darum, etwas «Wahres» oder «historisch Zuverlässiges» über die Vergangenheit zu sagen, sondern um die Konstruktion von Sinn. Jede Geschichtskonstruktion ist subjektiv, insofern sie einem bestimmten Interesse folgt und Vergangenheit und Gegenwart bewusst miteinander verbindet.

Die biblischen Texte bieten nicht nur *Geschichtsschreibung*, sondern auch *Geschichtserzählungen*. Dabei ist die Grenze zwischen «Geschichte» *(history)* und «Geschichten» *(story)* fließend. Beides dient der sinn- und identitätsstiftenden Erinnerung. Geschichtsschreibung und Geschichtskonstruktionen bilden zusammen Meistererzählungen *(master narratives)*, die von bestimmten Erzählstrukturen geprägt sind. Für das Alte Testament kann man sich eine solche Erzählstruktur an den beiden großen literarischen Geschichtsentwürfen verdeutlichen: der deuteronomistischen Darstellung der Geschichte Israels und der chronistischen. Erstere findet sich in den Büchern Josua, Richter, 1. und 2. Samuel sowie 1. und 2. Könige. Diese Bücher bilden einen literarischen Zusammenhang, in dem mit Bezug auf das 5. Buch Mose, das Deuteronomium, ein grundlegendes Narrativ etabliert wird: Israel kam von außen in das Land «Kanaan» und hat vor der Landnahme von seinem Gott das Gesetzeswerk – die Zehn Gebote – erhalten, das zum gerechten Verhalten vor Gott und den Menschen befähigt. Die «Geschichte Israels» wird so zu einer Geschichte des Niedergangs, bei der ein Idealzustand mit dem Einzug in das Land und der Ausbildung des Königtums sich immer weiter auflöst.

Dieses theologische Programm gewinnt an Profil, wenn man mit der neueren Forschung die deuteronomistische Komposition der Bücher Richter, Samuel und Könige mit der Erzählung über den Auszug aus Ägypten und die Landnahme verbindet («Mose-Exodus-Landnahmeerzählung»). Die deuteronomistische Darstellung von den heilvollen Anfängen Israels bis zum

Untergang Jerusalems wird so zu einer Erklärung der Existenz des Volkes Israel im Exil.

Während die deuteronomistische Geschichtsdarstellung in ihrem Kern bis in das 7. Jahrhundert zurückgeht, stammt der Geschichtsentwurf der Chronikbücher aus hellenistischer Zeit. Er erzählt die Geschichte des «wahren Israel» – der Gemeinde am Zweiten Tempel von Jerusalem. Die theologische Programmatik des chronistischen Geschichtsentwurfes hat zur Folge, dass gegenüber der Darstellung der fünf Bücher Mose die Epoche Davids und Salomos als die eigentliche Gründungszeit Israels gilt und die Geschichte dieses «Israel» in der Folge mit den Königen von Jerusalem verbunden wird. Die Könige des Königreiches Israel, das mit seiner Hauptstadt Samaria im Norden lag, werden mit keinem Wort erwähnt.

Das Beispiel verdeutlicht, dass «Israel» in alttestamentlicher Zeit ganz Unterschiedliches bezeichnen konnte. Historisch gesehen ist der Name «Israel» erstmals auf der Stele des ägyptischen Pharao Merenptah (1208) belegt. Während er sich dort auf eine Personengruppe bezieht, bezeichnet «Israel» in altorientalischen Königsinschriften des 9. und 8. Jahrhunderts ein Königreich mit Sitz in Samaria und somit eine territorialpolitische Größe. Nach dem Ende dieses Königreiches im Jahr 722/20 konnte «Israel» auf das Südreich Juda mit seiner Hauptstadt Jerusalem übertragen werden (Jer 17,13). Als dieses Königtum 587/86 mit der Eroberung Jerusalems endete, wurde der Israelbegriff immer stärker theologisch zugespitzt. «Israel» wurde so in persischer und hellenistischer Zeit zur Selbstbezeichnung einer Gruppe von Verehrern des Gottes Jahwe. Diese werden in manchen Texten mit der Gemeinde am Zweiten Tempel von Jerusalem gleichgesetzt (Esra, Nehemia) und in anderen mit der Jahwe-Gemeinde der Samaritaner auf dem Garizim (Delos-Inschriften, S. 87).

Dies bedeutet für die vorliegende Darstellung, dass die «Geschichte Israels in der Antike» weder nur das gleichnamige Gottesvolk noch das Königreich «Israel» im 9. und 8. Jahrhundert behandelt, sondern einen Zeitraum umfasst, der von der Stele des Merenptah bis zu den Römern reicht.

I. Die Anfänge und die Frühgeschichte Israels (1208–926/25 v. Chr.)

Die Anfänge Israels liegen im Dunkeln. Die biblischen Geschichten über die Erzeltern (1. Mose 12–36) und den Auszug aus Ägypten (2. Mose 1–15) bieten keine historischen Ansatzpunkte. Sie sind seit der späten Königszeit über einen längeren Zeitraum hinweg entstanden und können für eine Rekonstruktion der Anfänge Israels nicht herangezogen werden. Dies gilt auch für alle Versuche der älteren Forschung, die «Hebräer» des Alten Testaments mit den *Ḫapiru* der Amarnabriefe zu verbinden oder das nomadische Kolorit der Erzählungen über Abraham, Isaak und Jakob mit halbnomadischen Gruppen (*Schasu*) zu verknüpfen, die in ägyptischen Texten des ausgehenden 2. Jahrtausends genannt werden.

Geht man vom historisch Gesicherten aus, dann bietet die Siegesstele des Pharao Merenptah den einzigen verlässlichen Ansatzpunkt. Sie bezeugt für das Jahr 1208 eine Personengruppe mit Namen «Israel» in der südlichen Levante. Wenn man als weitere außerbiblische Quelle die Palästinaliste des Pharao Scheschonq I. aus dem Jahr 926/25 hinzunimmt, lässt sich die Frühgeschichte Israels anhand von zwei außerbiblischen Quellen rahmen. In der einen wird «Israel» erstmalig bezeugt und in der anderen ein historisches Ereignis greifbar, bei dem zum ersten Mal überhaupt die Geschichte des antiken Israel und die biblische Geschichtsdarstellung ineinandergreifen – wenn auch anders als gedacht. Eine kurze Notiz in 1. Kön 14,25–26 erzählt von einem Feldzug des Pharao Scheschonq gegen Jerusalem, nur dass Jerusalem nicht das Ziel des Feldzugs war. Der ägyptischen Inschrift zufolge hat Scheschonq von Jerusalem keinerlei Notiz genommen.

Ägypten und die südliche Levante (15.–12. Jh.)

Um die Bedeutung der Siegesstele des Merenptah zu verstehen, ist ein kurzer Blick auf die Geschichte Ägyptens erforderlich. Zur Zeit des Neuen Reiches (1539–1077) unternahmen die Pharaonen zahlreiche Feldzüge in die südliche Levante. Sie stießen dabei auf einen ebenso mächtigen wie expansiven Gegner: die Hethiter. Nachdem der Hethiterkönig Schuppiluliuma I. (1370–1336) das Reich von Mitanni besiegt hatte, machten er und seine Nachfolger Ansprüche auf die südliche Levante geltend. Es kam zu militärischen Auseinandersetzungen mit den Ägyptern, etwa zur Schlacht bei Megiddo 1468 (Thutmosis III.) oder zu der Schlacht bei Qadesch 1274 (Ramses II.). Auch wenn mancher Kampf mit einer Niederlage endete, gelang es den ägyptischen Pharaonen doch, die südliche Levante unter Kontrolle zu bringen und diesen Zustand durch Militäraktionen, Heiratspolitik und diplomatische Verträge bis etwa 1160/1140 zu halten (Ramses III. / Ramses VI.).

Die ägyptische Herrschaft über die strategisch wichtige südliche Levante war mit dem Aufbau eines Verwaltungssystems verbunden, über das rund 380 Tontafeln aus der Zeit Amenophis' IV., Echnaton (1353–1336), berichten. Die in Keilschrift verfasste Amarnakorrespondenz enthält Briefe der Stadtkönige von Megiddo, Jerusalem, Byblos und anderer Orte an den Pharao. In der Regel handelt es sich um Berichte über Feinde und Gefahren, verbunden mit der Bitte um militärische Unterstützung. In diesem Zusammenhang werden mehrfach *Ḫapiru* genannt. Dabei handelt es sich vermutlich um Migranten unterschiedlicher Herkunft, die im Gebirge lebten und nach Ausweis der Texte für die Städte in den Ebenen eine Gefahr darstellten (HTAT 044, vgl. 084–085).

Das von Ägypten kontrollierte Territorium umfasste die späteren phönizischen Küstenstädte im Norden und die philistäischen Städte im Süden sowie das Gebiet der späteren Königreiche Israel und Juda *(Karte 1)*. Zugleich gibt die Amarnakorrespondenz einen Einblick in die politischen Verhältnisse in der südlichen Levante. Es gab zahlreiche Stadtstaaten, von denen die beiden im Bergland gelegenen, Jerusalem und Sichem, flächenmäßig am größten waren, jedoch die geringste Bevölkerungsdichte aufwiesen. Bedeutungsvoll waren Hazor/*Tell Waqqāṣ* im Norden und Gath/*Tell eṣ-Ṣāfī* am Übergang zur Küstenebene, das noch im 10. Jahrhundert eine monumentale Stadtanlage umfasste.

Die Stadtstaaten wurden für Ägypten nur interessant, wenn sie in wirtschaftlich und strategisch wichtiges Gebiet expandierten. Genau dies ist für den Herrscher von Sichem, *Labʾāya*, belegt. Den Amarnabriefen zufolge verbündete er sich mit nahe gelegenen Stadtkönigtümern – allerdings nicht mit Jerusalem –, um die Handelswege in der Küsten- und der Jesreelebene unter Kontrolle zu bringen (HTAT 058). Damit zeigt sich im Kern, was bei den Königen von Israel im 9. und 8. Jahrhundert mehrfach begegnet: Vom zentralpalästinischen Bergland aus wird versucht, über die Bildung politischer Allianzen mit den Anrainern in die wirtschaftlich und strategisch wichtige Küstenebene zu expandieren.

Es spricht einiges dafür, dass das territoriale System der Stadtstaaten über das Ende der ägyptischen Kontrolle der südlichen Levante hinaus bestand. Auch wenn es am Übergang vom 2. zum 1. Jahrtausend zu einem Niedergang der spätbronzezeitlichen – von der älteren Forschung gerne als «kanaanäisch» bezeichneten – Stadtkultur kam, lässt sich archäologisch nachweisen, dass die von den ägyptischen Pharaonen geschaffenen Strukturen den Wandel von der – archäologisch gesprochen – Spätbronzezeit über die Eisenzeit I bis zur Eisenzeit IIA überdauerten (zur Datierung der Epochen siehe S. 121).

Vermutlich muss man auch die späteren Königreiche Israel und Juda im Kern mit den Strukturen der Spätbronzezeit verbinden. Denn die weitere Geschichte Israels mit Landnahme, Staatenbildung und den Königreichen Israel und Juda spielt sich de facto auf dem Gebiet der spätbronzezeitlichen Stadtstaaten Jerusalem und Sichem ab – mit einem deutlichen Schwerpunkt auf Letzterem *(Karte 2)*.

Zu den von den Ägyptern geschaffenen Verwaltungsstrukturen des 13. Jahrhunderts gehörten Garnisonsstädte in Beth

Schean und Gaza. Beide lagen an strategisch wichtigen Orten. Bei Beth Schean kreuzten sich die wichtige Nord-Süd-Straße durch das Jordantal und die Ost-West-Route durch die Jesreelebene. Gaza hingegen war eine wichtige Etappe an der *Via Maris*, dem Landweg von Ägypten über die Sinaihalbinsel zur südlichen Levante, dessen südliches Teilstück von den Ägyptern als «Horusweg» bezeichnet wurde.

Die Archäologie von *Beth Schean* illustriert beispielhaft, wie man sich eine ägyptische Garnisonsstadt in der südlichen Levante vorstellen muss. Es gab ägyptische Tempel, Verwaltungsgebäude, einen an ägyptischen Städten ausgerichteten Grundriss (vgl. Tell el-Amarna und Deir el-Medina) und Monumentalstelen, in denen der religiöse und politische Anspruch der Pharaonen in Stein gemeißelt war. Der ägyptische Einfluss reichte so weit, dass in lokalen Werkstätten ägyptische Keramik hergestellt und das ägyptische Erbe von der einheimischen Bevölkerung auch später noch gepflegt wurde. Im 10./9. Jahrhundert (Stratum VB/S1) und damit zur Zeit der judäischen Könige David und Salomo waren die ägyptischen Monumente nach wie vor in Gebrauch, darunter eine Sitzstatue Ramses' III. und die großen Siegesstelen Ramses' II. und Sethos' I. (HTAT 063–064). So illustriert die Archäologie Beth Scheans beispielhaft das Nachwirken des ägyptischen Einflusses bis in die israelitische Königszeit hinein.

Ein weiteres Beispiel ist *Gaza*. Auch wenn die antike Stadt aufgrund der politischen Situation bislang nicht ausgegraben werden konnte, lässt sich doch anhand von Texten und archäologischen Funden in der Nähe etwas über dieses wichtige ägyptische Verwaltungszentrum im Süden der südlichen Levante sagen. Gaza wurde unter Thutmosis III. (1479–1425) gegründet und bestand vermutlich bis zum Ende der Ramessidenzeit. Ein ägyptischer Papyrus aus der Zeit Ramses' IV. (1156–1150) erwähnt einen Tempel für den Hauptgott des ägyptischen Neuen Reiches, Amun-Re, in Gaza (HTAT 068). Wenn man drei Skarabäen aus Beth Schemesch und *Tell el-Fārʿa* (Süd) mit dem Papyrus verbinden darf, dann war Gaza ein wichtiges Verwaltungszentrum in der südlichen Küstenebene, dem die Landgüter in der Nähe Steuern abgeben mussten. Dazu passt, dass sowohl in *Tell el-Fārʿa* (Süd) als auch in einem Ort im Hinterland von Gaza *(Qubur al-Walayda)* ein ägyptisch inspirierter Gebäudetyp gefunden wurde. Weitere dieser «ägyptischen Residenzen» sind in *Tell es-Šerīʿa* (Stratum IV), *Tell Ǧemme* (Gebäude JF) und Lachisch (Stratum VI) belegt.

In Gaza wurden unterschiedliche Gottheiten nebeneinander verehrt. Auf der einen Seite gab es den Tempel für den ägyptischen Gott Amun-Re, auf der anderen konnte, wie aus einem Brief des ägyptischen Garnisonsschreibers an seinen Vorgesetzten hervorgeht, ein Fest für die «ʿAnat von Gaza» gefeiert werden (HTAT, S. 144, Anm. 199). Dabei handelt es sich um eine lokale Ausformung der bereits in Ugarit (ca. 2400) als Tochter des El und Schwester des Baal belegten Göttin ʿAnat.

Nimmt man die bedeutende Stadt Megiddo im Westen der Jesreelebene hinzu, in der noch für Ramses VI. (1145–1139) ägyptischer Einfluss nachweisbar ist, dann kann festgehalten werden, dass die südliche Levante vom 15. bis zum 12. Jahrhundert unter ägyptischer Kontrolle stand. Die lokalen Vasallenfürsten mussten Tribut zahlen, der in den überregionalen Verwaltungszentren gesammelt wurde. Ägyptische Beamte lebten vor Ort, und es gab einen Einfluss ägyptischer Religion. Beides, die Organisationsform und der kulturelle Einfluss, endeten nicht mit dem Verlust der direkten Kontrolle Ägyptens über die südliche Levante, sondern reichten über das Ende der Ramessidenherrschaft hinaus – im Falle Beth Scheans bis in das 10. und 9. Jahrhundert.

Das «Israel» der Stele des Merenptah und die «Landnahme» (13.–12. Jh.)

Die 3,10 Meter hohe Siegesstele aus dem fünften Regierungsjahr des Pharao Merenptah (1208) enthält ein Siegeslied auf militärische Erfolge gegen die Libyer (HTAT 066). Darauf folgt ein sechzehnzeiliger Abschnitt, der vermutlich auf einen Feldzug Merenptahs in der südlichen Levante zurückgeht (evtl. 1211/1210). Allein schon an der summarischen Formulierung «die Fürsten sind niedergeworfen und sagen Schalom *(š3-r-m)*!» (Z. 26) wird deutlich, dass hier historisches Wissen verarbeitet wurde. «Schalom» («Friede») ist ein semitisches Wort und kein ägyptisches.

Nach Aussagen über Gaza, das als «das Kanaan» bezeichnet wird, Aschkelon, Gezer und Jenoam findet sich der Satz: «Israel liegt kahl – es hat keinen Samen mehr.» Der Hieroglyphentext lässt keinen Zweifel daran, dass bei «Israel» nicht an eine Stadt oder Landschaft gedacht ist, sondern an eine Personengruppe. Die Formulierung «es hat keinen Samen mehr» ist jedoch mehrdeutig. Sie kann entweder als Hinweis darauf verstanden werden, dass Israel als Gruppe von Kleinbauern über kein Saatgut («Samen») mehr verfügte, oder dass die Nachkommenschaft («der Samen», vgl. z.B. 1. Mose 12,7; 13,15–16 u.ö.) getötet wurde. Die Komposition des Textes und die Aussagen zu den einzelnen Orten und Völkerschaften sprechen für Ersteres. Nimmt man die geographische Abfolge vom Süden (Gaza) über die Küste (Aschkelon) und die Schefela (Gezer) bis zum südwestlich des Sees Genezareth gelegenen Jenoam/*Tell en-Nāʿam* hinzu, dann könnte sich «Israel» auf eine Personengruppe beziehen, die südlich des Sees Genezareth zu suchen ist. Da diese Personengruppe in einer ägyptischen Monumentalstele erwähnt wird, muss man sie im Umfeld einer für Ägypten wichtigen Stadt oder Region suchen, denn in einer ägyptischen Monumentalstele wird nicht einfach irgendeine Personengruppe genannt. Die einzige dafür infrage kommende Stadt in der Gegend ist Beth Schean.

Daher könnte die Merenptah-Stele darauf verweisen, dass das «Israel» der Spätbronzezeit eine Personengruppe war, die in der Ebene Landwirtschaft betrieb, im Umfeld einer Stadt (Beth Schean?) lebte und ab einem bestimmten Punkt so agierte, dass die Ägypter auf sie aufmerksam wurden – vielleicht ja deswegen, weil dieses «Israel» sich aus dem Einzugsgebiet der Stadt entfernt hatte und es niemanden mehr gab, der in der Landwirtschaft des städtischen Zentrums arbeitete (vgl. als Parallele HTAT 047).

Sofern man dieser Spur weiter folgen und nach einem möglichen Szenario für das fragen will, was in der Bibel als «Landnahme des Volkes Israel» geschildert wird, dann fügt sich das Genannte bestens zum archäologischen Befund. Kurz vor 1200 setzte eine Besiedlung des Berglands ein, und zwar nicht nur in Galiläa nahe dem See Genezareth, sondern auch auf dem Boden des spätbronzezeitlichen Stadtstaates Sichem. Wenn man nach einem idealen Rückzugsort für eine Gruppe von Menschen sucht, die sich von der ägyptisch kontrollierten Stadtkultur der Ebene und der Bucht von Beth Schean lossagen wollte, dann findet man diesen hier: im Gebiet des Stadtstaates Sichem mit dem samarisch-ephraimitischen Bergland.

Im nördlichen Teil des samarischen Gebirges, an die Jesreelebene anschließend, entstanden in der Eisenzeit I zahlreiche, zum Teil sehr kleine Siedlungen *(Karte 2)*. Von den fast 150 Ortslagen stehen nur gut zwei Dutzend in Kontinuität zu Vorläufersiedlungen der Spätbronze- oder Mittelbronzezeit. Neben kleineren Gehöften, die recht schnell wieder aufgegeben wurden – man spricht von «one period sites» –, gab es größere Siedlungen mit einer Grundfläche von mehr als 1 Hektar.

Die Siedlungen des Berglandes wurden gegründet, als die spätbronzezeitlichen Städte in der Folge eines kulturellen Umbruchs einen Niedergang erlebten, und sie endeten im 10. und 9. Jahrhundert, als die Stadtkultur wieder erstarkte. Wenn man eine Verbindung von dem «Kanaan» der Spätbronzezeit über das «Israel» der Stele Merenptahs zu dem Königreich «Israel» des frühen 9. Jahrhunderts sucht, dann findet sich diese hier. Sie dürfte zugleich der historische Grund für Elemente der syro-palästinischen Religion im Alten Testament sein, etwa den Gottesnamen El Eljon in Ps 83,19; 97,9.

Die kleinen Siedlungen im Bergland weisen drei Charakteristika auf, die gerne als «israelitisch» bezeichnet werden: (1) ein Keramiktyp: der sogenannte «collared rim jar» (ein etwa 1 Meter hoher Vorratskrug mit Wulstkragen), (2) ein Haustyp: das sogenannte «Vierraumhaus» und (3) die Terrassierung des Geländes. Alle drei Elemente sind jedoch nicht geeignet, als «Leitfossilien» für eine israelitische Kultur zu dienen. Vielmehr erklären sich die Unterschiede zwischen der früheisenzeitlichen

Dorfkultur und der Stadtkultur der Spätbronzezeit aus der unterschiedlichen Wirtschaftsform und unterschiedlichen geographischen Lagen, denn die Dörfer im Bergland waren nicht in den überregionalen Handel eingebunden, sondern produzierten für den eigenen Bedarf (Subsistenzwirtschaft). Aber es gibt auch Gemeinsamkeiten: Das «Vierraumhaus», das aus einem breiten Raum (Wohnbereich/Stall) und einem vorgelagerten Hof bestand, der teilweise überdacht war, wurde auch außerhalb des Berglandes gefunden. Auch die Vorratskrüge des Collared-rim-Typs sind weder nur im Bergland noch allein in der Eisenzeit I belegt. Die ältesten Stücke stammen aus dem spätbronzezeitlichen Afek, die jüngsten datieren in das 8. Jahrhundert.

Die kleinen Siedlungen waren zum Teil als Gehöfte mit Nebengebäuden oder auch als ringförmig angelegtes Gebäudeensemble ohne administrative Bauten angelegt. Eine Tonscherbe mit einer fünfzeiligen Inschrift aus *Izbet Sartah* am Rande des Berglandes verweist auf Anfänge von Schriftlichkeit.

Auch wenn sich anhand der Archäologie wenig über die Gesellschaftsform der Siedlungen sagen lässt, kann doch eines festgehalten werden. Es handelte sich bei den Bewohnern der früheisenzeitlichen Dorfkultur im Bergland nicht um Nomaden, die sich womöglich nach einer längeren Wanderung dort niedergelassen haben, sondern um eine Verbindung ganz unterschiedlicher Gruppen, darunter Halbnomaden aus dem Bergland und Kleinbauern aus den Ebenen («mixed multitude», A. E. Killebrew).

Die Landnahme Israels erklärt sich somit aus dem Übergang von der Stadtkultur zur Dorfkultur in der frühen Eisenzeit und dem Gegenüber zwischen den Ebenen und dem Bergland. Es kam auf dem Gebiet der vormaligen spätbronzezeitlichen Stadtstaaten zu einer Ausdifferenzierung der Siedlungsräume. Dabei bot das Bergland des Stadtstaates Sichem aufgrund seiner traditionell geringen Besiedlung die besten Entfaltungsräume.

Damit kann festgehalten werden: Die Anfänge Israels lagen im Land selbst. Die Personengruppe, die um 1200 den Namen «Israel» trug, kam nicht von außen, womöglich als Nomaden, die den Alten Orient durchzogen, sondern ging aus der Stadtkultur der Spätbronzezeit hervor. Diese Gruppe, die erstmals auf der Stele des Merenptah «Israel» genannt wird, hielt sich vermutlich im Umfeld einer ägyptisch dominierten Stadt auf und ging eigene Wege, so dass die Ägypter «Israel» als einen Feind betrachteten, der es wert war, auf einer Stele genannt zu werden. Ob man sich dies so vorstellen muss, dass in einer Situation, in der die ägyptische Kontrolle der südlichen Levante zunehmend ins Wanken geriet, es eine Notiz wert war, dass sich Kleinbauern, die zuvor im Umfeld einer für Ägypten wichtigen Stadt der südlichen Levante Arbeitsdienste verrichtet hatten, absetzten, um im Bergland eigenständig zu leben, bleibt Spekulation. Eines steht jedoch außer Frage: Israel ist aus «Kanaan» hervorgegangen und nicht von außen in das Land gekommen.

Damit ergibt sich ein Bild, das den biblischen Texten entgegengesetzt ist. Die Geschichte des «biblischen Israel», von der das 2. bis 5. Buch Mose und die Bücher Josua, Richter, Samuel und Könige erzählen, betont gerade den Unterschied: Israel kam von außen und nicht aus Kanaan. Den biblischen Autoren geht es dabei um eine theologische Unterscheidung: Israel als das Volk des Gottes Jahwe hat mit den Göttern und der Religion Kanaans nichts zu tun.

Die Karte der neuen Siedlungen zeigt *(Karte 2)*, dass sich die «Landnahme» weitgehend auf dem Gebiet des spätbronzezeitlichen Stadtstaates Sichem vollzog und in deutlich geringerem Maße im Umfeld von Jerusalem. Bereits hier wird greifbar, dass der Norden für «Israel» wichtiger war als der Süden – die «Wiege Israels» ist mit großer Wahrscheinlichkeit dort zu suchen und nicht in Juda oder Jerusalem. Dies passt zu neueren Erkenntnissen zur Geschichte des Gottes Jahwe, der dem Norden zugeordnet werden kann und nicht etwa dem Süden. Was aber bedeutet dies für die Tradition vom Auszug aus Ägypten?

Israel in Ägypten? – Der Exodus

Das Bekenntnis zu dem Gott, der sein Volk – Israel – aus Ägypten herausgeführt hat, gehört zu den zentralen Glaubenssätzen des biblischen Israel (vgl. 2. Mose 20,2; 5. Mose 5,6). In welchem Maße dieses Bekenntnis jedoch auf historischen Ereignissen beruht, lässt sich anhand des derzeit verfügbaren Quellenmaterials kaum sagen. Die klassische These, dass Israeliten beim Bau der Städte Pithom und Ramses beteiligt waren und Ramses II. der Pharao der Bedrückung war, ist jedenfalls nicht mehr haltbar.

Man ist lange davon ausgegangen, dass eine kurze Notiz in 2. Mose 1,11, der zufolge die Israeliten beim Bau «der Vorratsstädte Pithom und Ramses» Fronarbeit leisten mussten, auf historische Ereignisse unter Ramses II. (1279–1213) verweist. Dieser hatte eine neue Hauptstadt, die sogenannte «Ramsesstadt», bauen lassen, die nach dem Ende der Ramessidenzeit, das heißt nach 1077 in Vergessenheit geriet. Da dies auch für die Ramessiden gelte, könne der Name «Ramses» in 2. Mose 1,11 nur eine historische Erinnerung sein, denn es sei nicht möglich, ihn aus späterer Zeit zu erklären, womöglich aus der Zeit, in der die Textpassage zu Beginn des Exodusbuches entstanden ist (A. Alt, H. Donner).

Die alttestamentliche Forschung ist über Jahrzehnte dieser Theorie gefolgt, auch wenn sie auf schwachen Füßen steht. Denn die Erinnerung an die Ramessiden ist genauso wenig in Vergessenheit geraten wie die an die Ramsesstadt, die in ägyptischen Texten als «Stadt des Ramses» (*pr-Rʿ-ms-sw*) bezeichnet wird und nicht etwa nur mit dem Personennamen «Ramses» wie in 2. Mose 1,11. Vielmehr weist der Personenname «Ramses» und der Stadtname «Pithom» (äg. *pr-Jtm* «Haus des [Gottes] Atum») auf historische Verhältnisse des 7. Jahrhunderts. Da der Text auch von seinem literarischen Charakter her nicht vor dem 7. Jahrhundert entstanden sein kann, ist die Passage zu Beginn des 2. Buches Mose für eine Rekonstruktion der Verhältnisse im 2. Jahrtausend nicht geeignet.

Was aber lässt sich dann über «Israel in Ägypten» sagen und wie könnte ein historischer Kern der Erzählung vom Auszug aus Ägypten aussehen? Folgendes Szenario ist denkbar, auch wenn es sich aus Mangel an belastbaren Quellen nicht belegen lässt:

Sofern der Textabschnitt über die südliche Levante auf der

Stele des Merenptah wirklich auf einen Feldzug des Pharao zurückgeht, könnten Angehörige des Volkes «Israel» als Kriegsgefangene nach Ägypten gelangt sein. Das «Befreiungserlebnis» des Exodus wäre dann so zu verstehen, dass diese Kriegsgefangenen unter nicht mehr rekonstruierbaren Umständen wieder ihre Freiheit erlangten und zurück nach Palästina/Israel gezogen sind.

Ein Argument für die Verankerung eines Exoduserlebnisses im ausgehenden 2. Jahrtausend könnte die Erwähnung eines Mannes namens Mose sein. «Mose» ist die Kurzform eines typischen Namens der Ramessidenzeit. Wie «Ramses» geht er auf eine Namensbildung zurück, die aus einem Gottesnamen und dem Verb *msj* («gebären») besteht: «der Gott (Re) ist es, der ihn geboren hat». Anhand eines philologischen Details – der Wiedergabe des ägyptischen Buchstabens *s* mit dem hebräischen Buchstaben *Schin* – besteht kein Zweifel daran, dass der Name «Mose» im ausgehenden 2. Jahrtausend in die semitische Sprache übernommen wurde und nicht in späterer Zeit wie der Name Ramses in 2. Mose 1,11.

Daher wäre denkbar, dass eine kleine Gruppe (von Kriegsgefangenen) zur Zeit der ramessidischen Pharaonen (19.–20. Dynastie) nach Ägypten gelangte und von dort unter nicht mehr rekonstruierbaren Umständen in die südliche Levante kam, um dort mit jenen «Israeliten» zu verschmelzen, die im Bergland des alten Stadtstaates Sichem siedelten. Ihre Erzählung von einer wunderbaren Flucht aus Ägypten und der Bewahrung durch den Gott Jahwe ist dann identitätsstiftend für ganz Israel geworden.

Philister, «Kanaanäer», Aramäer und das frühe Königtum in Israel (11./10. Jh.)

Die biblischen Bücher Richter und Samuel erzählen von der Herrschaft von Richtern über das Volk Israel und der Einsetzung eines Königtums, die früher gerne um das Jahr 1000 datiert wurde. Aber diese Zeit ist historisch mindestens genauso schwer zu rekonstruieren wie die vorangehende Epoche. Manche Gelehrte folgen einem reduzierten biblischen Bild und postulieren anhand des Richterbuches und dem sogenannten «Lied der Deborah» in Ri 5 ein Nebeneinander von Stämmen, die sich zunehmend organisierten und Koalitionen bildeten, bis schließlich der Wunsch nach einem König aufkam. Auf diesen König, Saul, folgte mit David ein jugendlicher Herrscher, der nach Angaben des Alten Testaments gegen die Philister kämpfte und nach seiner Thronbesteigung Jerusalem eroberte und zur Hauptstadt seines Reiches machte (2. Sam 5).

Eine historische Rekonstruktion des 11. und 10. Jahrhunderts muss von den Ethnien ausgehen, die in der Überschrift dieses Kapitels genannt werden, das heißt von den Philistern, den Einheimischen («Kanaanäern») und den Aramäern. Sofern tatsächlich ein Königtum unter Saul und David entstand, würde es sich aus der geopolitischen Situation in der südlichen Levante erklären. Ägypten erlebte um 1150/1140 einen Machtverlust, während in der Levante neue Bevölkerungsgruppen, die sogenannten Seevölker, an Einfluss gewannen. Dabei handelt es sich um Gruppen aus der Ägäis, dem Balkan und dem klein- und vorderasiatischen Gebiet, die im 12. Jahrhundert in die südliche Levante eindrangen. Auf ägyptischen Tempelreliefs aus der Zeit Ramses' III. (1187–1157) wird in dramatischen Bildern von der militärischen Auseinandersetzung zwischen den Ägyptern und den Seevölkern im Jahr 1175 berichtet (HTAT 093). Der ägyptischen Sicht folgend rekonstruierte die ältere Forschung einen «spätbronzezeitlichen Seevölkersturm», bei dem eine Gruppe von Seevölkern brandschatzend und marodierend die südliche Levante durchzog und der spätbronzezeitlichen Stadtkultur den Garaus machte. Dabei übersah man jedoch, dass die Schlachtreliefs der ägyptischen Tempel keine historischen Sachverhalte schildern, sondern das welterhaltende Handeln des Pharao zum Ausdruck bringen wollen. Der Pharao schlägt im Auftrag des Gottes Amun-Re die Feinde in die Flucht und garantiert so den Bestand der Ordnung. Auch weiß man mittlerweile, dass der Niedergang der spätbronzezeitlichen Stadtkultur ganz unterschiedliche Gründe hatte und sich über einen längeren Zeitraum erstreckte.

Fragt man nach dem historisch Gesicherten, so geben zwei ägyptische Texte einen Hinweis. Im «Onomastikon des Amenemope» aus dem 11. oder 10. Jahrhundert werden in einer Liste von Orts- und Völkernamen für Südpalästina die Städte Aschkelon, Aschdod und Gaza sowie drei Seevölkergruppen genannt: die *Šardana* (Sarden), die *Ṯkr/Tjekker* (Sikeler/Siker) und die *Prst/Palaštu* (Philister). Diese Angaben werden durch die «Erzählung des Wenamun» ergänzt. Sie berichtet von der Reise eines ägyptischen Tempelbeamten auf die syro-palästinische Landbrücke mit Stationen in Dor und Byblos (HTAT 100). Dem Text zufolge lebten die *Ṯkr/Tjekker* in Dor und kontrollierten einen Teil des Handelsraums entlang der palästinischen Küste.

Ganz gleich, ob sich die «Seevölker» auf Veranlassung Ramses' III. oder aus eigenem Antrieb in der südlichen Levante niederließen, die genannten Texte verdeutlichen, dass die Seevölkergruppen im Fernhandel der frühen Eisenzeit eine wichtige Rolle spielten und entlang der Küste bis in das Gebiet der Phönizier hinein siedelten.

Dem entspricht in der Archäologie der Wandel von ägyptischen Importen zu einem zweifarbigen (bichromen) Keramiktyp. Dieser ähnelt mykenischer Keramik (Mykene III CIb) und wird wegen der lokalen Produktion als «submykenische» oder (weniger korrekt) als «Philisterkeramik» bezeichnet. Mit den *Philistern* ist zudem ein Erstarken der Stadtkultur in der südlichen Küstenebene verbunden. Dabei wurde mit Gaza ein ehemaliges ägyptisches Zentrum übernommen. Hinzu kamen Ekron, Aschdod und Gath; letztere war mit 45–50 Hektar die größte Stadt der Zeit in Palästina/Israel.

In der Nähe Gaths liegt eine Stadt, deren Überreste in den letzten Jahren für Diskussionen gesorgt haben: *Khirbet Qeiyafa*. Der Ausgräber wollte den nur kurz besiedelten Ort (ca. 1025–975) König David zuordnen und mit dem biblischen *Schaarajim* (wörtlich: «zwei Tore») verbinden (vgl. Jos 15,36; 1. Chr 4,31). *Khirbet Qeiyafa* war eine gut befestigte Stadt mit einer Kasemattenmauer und zwei Toren. Die Archäologen fanden unter anderem zwei Ostraka (Tonscherben), von denen eines den Namen Ischbaal erwähnt (vgl. 1. Chr 8,33; 9,39). Außerdem fand sich Kultinventar, etwa Masseben, Fragmente von Figurinen, Kultständer und zwei Schreinmodelle.

Die materielle Kultur weist deutliche Unterschiede zur philistäischen Küstenebene und zum benachbarten Gath auf und zugleich Gemeinsamkeiten mit früheisenzeitlichen judäischen Orten. Dies könnte auf eine Zugehörigkeit zu Juda verweisen (A. Maeir). Allerdings wäre auch denkbar, dass aufgrund der Ansiedlung der Philister die früheren Bewohner des Küstenstreifens ins Landesinnere zogen und sich in *Khirbet Qeiyafa* niederließen, bevor sie ganz in der neuen Kultur der frühen Eisenzeit aufgingen (N. Na'aman). Für ein solches Szenario spricht, dass die Stadt bereits nach einer Generation wieder aufgegeben wurde.

Auch im Norden der Küstenebene existierten unterschiedliche Kulturen nebeneinander. Es gab Seevölkergruppen und die alten Bewohner aus der Zeit der spätbronzezeitlichen Stadtstaaten. Am See Genezareth zeigt sich dies in der antiken Stadt Kinneret/*Tell el-ʿOrēme*. Dort entstand Mitte des 11. Jahrhunderts (Stratum V) eine rund 6 Hektar große Stadt mit Palastanlage, Kulteinrichtungen, Stadtbefestigung und diversen Wirtschaftsbetrieben, unter anderem einer Mühle, einer Bäckerei und Olivenölproduktion. Die Keramik verweist auf Kontakte zu den Phöniziern sowie in das transjordanische und in das syrische Gebiet hinein. Ein vergleichbares Bild zeigt sich in Tel Hadar (Stratum IV) am nordöstlichen Ufer des Sees, so dass der Schluss naheliegt, dass Kinneret V und Tel Hadar IV eine soziopolitische Einheit bildeten.

Dies änderte sich im 10. Jahrhundert, als die Städte von *et-Tell* (Stratum V), dem biblischen Bethsaida, und En Gev (Stratum MIII) erstarkten. Aufgrund der Kontrolle der Handelsstraße nach Damaskus und der Südorientierung der Aramäer kam es nun zu Kontakten zwischen Aram-Damaskus und dem Städteverbund am See Genezareth. Letzterer ist vermutlich mit dem biblisch bezeugten Königtum von Geschur zu verbinden (2. Sam 3,3; 13,37; 15,8).

Nimmt man die phönizischen Städte an der Küste hinzu, wie es die Erzählung des Wenamun und der archäologische Befund belegen (Dor), dann zeigt sich angefangen vom Süden über die Küstenebene bis zum Norden und dem See Genezareth eine Reurbanisierung, die nicht ohne Auswirkungen auf das zentralpalästinische Bergland bleiben konnte. Wenn man nach einem Grund für die Ausbildung eines Königtums unter Saul fragen möchte, dann könnte er sich hier finden: Als aufgrund des Fernhandels im 11. und 10. Jahrhundert die Stadtkultur der Küstenebene wiederauflebte und mit den Aramäern im Norden und den Philistern im Süden ein neuer politischer Faktor auftrat, sah man sich in den kleinen Siedlungen im zentralpalästinischen Bergland dazu veranlasst, über die Bildung von Koalitionen und Heiraten außerhalb des Dorfkontextes (Exogamie) regionale Bündnisse zu schließen und innerhalb dieser Gemeinschaften eine Führung herauszubilden («Chiefdom»). Eine solche Entwicklung könnte dadurch begünstigt worden sein, dass das alte Zentrum des spätbronzezeitlichen Stadtstaates Sichem *Tell Balāṭa* nach einer Zerstörung um 1100 in der frühen Eisenzeit kaum besiedelt war und die städtischen Zentren der Ebene offenbar nicht in das Bergland expandierten. Dazu passen wiederum die biblischen Texte, die Sauls Herrschaft südlich von Sichem verorten, im Gebiet des Stammes Benjamin (vgl. 1. Sam 9,1–2).

«Israel» ist somit nach wie vor im Bergland zu suchen, auf dem Boden der vormaligen spätbronzezeitlichen Stadtstaaten Sichem und Jerusalem mit einem deutlichen Schwerpunkt auf ersterem. Nur rund zwanzig Siedlungen, die vielleicht diesem «Israel» zugeordnet werden können, lagen im Süden Jerusalems und alle anderen, mehr als einhundert, im Norden *(Karte 2)*. Was aber bedeutet dies für das Königtum Davids, das die biblische Überlieferung gerade im Süden lokalisiert?

David und Jerusalem (10. Jh.)

Ungeachtet aller Schwierigkeiten, das Königtum Davids historisch zu greifen, steht eines außer Frage: Einen König David wird es mit hoher Wahrscheinlichkeit gegeben haben. Auf einer aramäischen Inschrift aus dem biblischen Dan *(Tell el-Qāḍī)* wird berichtet, dass der Aramäerkönig Hasael (ca. 843–803) einen Herrscher aus *bytdwd* besiegt hat (HTAT 116). Auch wenn die fragmentarische Inschrift nicht zu erkennen gibt, um welchen König es sich handelt, ist die Deutung von *bytdwd* als «Haus Davids» gesichert. Es gab somit im 9. Jahrhundert ein Herrschergeschlecht, das nach einem König David benannt war.

Die biblischen Texte über diesen König David bieten – ganz gleich, welchen historischen Gehalt man ihnen zusprechen will – nur einen eingeschränkten Blickwinkel. Dies beginnt bei der Geographie der Texte und endet bei dem Bericht über die Einnahme Jerusalems. Zwar wird das philistäische Gath erwähnt (vgl. 1. Sam 17; 21,27; 2. Sam 15), was auf das 10. Jahrhundert verweisen könnte, aber die Stadt Hebron (am *Ǧebel er-Rumēde* gelegen), wo 2. Sam 2,1–4 zufolge Davids Krönung stattgefunden haben soll (vgl. auch 2. Sam 2,11; 5,5; 1. Kön 2,11), war in der frühen Eisenzeit IIA kaum besiedelt.

Wenn man einen historischen Kern für König David festhalten möchte, dann liegt dieser vermutlich in den Auseinandersetzungen mit den Philistern und der Ausrichtung auf Jerusalem. Denn mit Jerusalem geriet nun die einzige verbleibende spätbronzezeitliche Stadt im Bergland in den Blick.

Jerusalem hat eine lange vorisraelitische Geschichte und ist seit dem Chalkolithikum (ca. 4500) besiedelt. Spätestens seit der Mittelbronzezeit IIB (ab ca. 1700) war Jerusalem mit einer Stadtmauer befestigt und verfügte über eine Wasserquelle, die mit zwei monumentalen Türmen gesichert war. In ägyptischen Quellen des 19./18. Jahrhunderts, den sogenannten «Ächtungstexten», wird die Stadt genannt (HTAT 03). Die Amarnabriefe aus dem 14. Jahrhundert erwähnen einen Stadtkönig von Jerusalem mit Namen *Abdi-Ḫepa* (HTAT 057–060).

Wie Jerusalem unter israelitische Kontrolle geriet, ist unklar. Eine militärische Eroberung unter David, wie sie die Bibel erzählt (2. Sam 5,6–8), ist unwahrscheinlich. Jerusalem war im 10. Jahrhundert keine große Stadt, sondern ein kleiner Herrschaftssitz. Manche Archäologen wollen mit Verweis auf die sogenannte «stepped stone structure» in Jerusalem *(Karte 3)* am biblischen Bild eines Großreiches Davids festhalten, denn die monumentale Konstruktion von 27 x 50 Meter verweise auf administrative Großbauten. Die Anlage auf dem Südosthügel der Stadt (auch «Davidstadt» genannt) stammt jedoch im Kern aus vordavidischer Zeit (12./11. Jahrhundert) und ist über einen längeren Zeitraum gewachsen – vermutlich bis in hasmonäische Zeit hinein. Selbst wenn man mit einigen Archäologen das Jerusalem des 10. Jahrhunderts auf dem Tempelberg und nicht auf dem Südosthügel lokalisieren möchte (O. Lipschits / I. Finkelstein), besteht kein Zweifel daran, dass es sich zur Zeit Davids um einen kleinen Herrschaftssitz mit maximal 2000 Einwohnern handelte (H. Geva).

David regierte als Stadtkönig von Jerusalem über ein Gebiet, das sich deutlich innerhalb der Grenzen des gleichnamigen spätbronzezeitlichen Stadtstaates bewegte, allerdings stärker besiedelt war *(Karte 2)*. In den Amarna-Briefen schreibt der Stadtkönig von Jerusalem *Abdi-Ḫepa*, dass er mit fünfzig Soldaten sein Herrschaftsgebiet kontrollieren könne (HTAT 058) – vermutlich war es unter David nicht viel anders.

Salomo und der Alte Orient (10. Jh.)

Wie David soll Salomo vierzig Jahre lang regiert haben (1. Kön 11,42; vgl. 2,11) – mit anderen Worten: Die tatsächliche Regierungszeit war den alttestamentlichen Schreibern unbekannt. Während die Forschung in den 1960er Jahren noch wie selbstverständlich monumentale Bauten in Megiddo, Hazor und Gezer mit einem «Großreich Salomos» verbunden hat, besteht mittlerweile kein Zweifel mehr daran, dass das Königreich Salomos kaum über die Grenzen hinausging, die bereits für das Herrschaftsgebiet Davids galten.

Die Zeit Salomos fällt in eine Zeit, als in Mesopotamien und Ägypten neue Herrscher an die Macht kamen. Nach dem Zusammenbruch des mittelassyrischen Reiches im 11. Jahrhundert begann Assurdan II. (935–912) mit dem Aufbau des neuassyrischen Reiches, das ab dem 9. Jahrhundert unter Salmanassar III. in die südliche Levante hinein expandierte. In Ägypten setzte die Phase der Konsolidierung etwas früher ein. Nach dem

Zusammenbruch der ramessidischen Herrschaft 1077 gelang es Scheschonq I. (943–923), das Land wieder zu vereinen. Die von ihm begründete 22. Dynastie ist aus der 21. Dynastie hervorgegangen, die um 1077 von libyschen Herrschern begründet wurde. Zu jener Zeit gab es mit Tanis im Norden und Theben im Süden zwei politisch-religiöse Zentren, die Ägypten innenpolitisch in Atem hielten. Daher ist für das 11. und 10. Jahrhundert keine aktive Außenpolitik der Pharaonen belegt.

Im Zusammenhang mit der Herrschaft Salomos ist die entscheidende Frage, ob dies auch für den vorletzten Pharao der 21. Dynastie, Siamun (978–959), gilt. Manche Forscher gehen von direkten Kontakten zwischen Salomo und Siamun aus, denn dem 1. Königebuch zufolge soll Salomo mit einer «Pharaonentochter» verheiratet gewesen sein (1. Kön 3,1; 7,8; 9,16.24; 11,1). Allerdings lassen die Texte keine genaueren Erinnerungen erkennen, denn weder der Pharao noch die Tochter werden mit Namen genannt. Die Notizen über die Pharaonentochter stehen im Kontext anderer Passagen der Salomogeschichte (1. Kön 3–11), die Salomo als bedeutenden König darstellen. Eine Analyse der Texte zeigt, dass die Angaben über Salomos umfangreiche Handelsbeziehungen und Außenkontakte (1. Kön 9–10) historische Verhältnisse der Assyrerzeit, das heißt des 8./7. Jahrhunderts, voraussetzen (S. 37).

Archäologisch lässt sich im 10. Jahrhundert zwar ein Wiederaufleben des internationalen Handels nachweisen, das Reich Salomos hat daran jedoch nicht partizipiert. Bereits im 11. Jahrhundert kam es zur Wiederaufnahme des Kupferhandels. Die alten Kupferminen von Feinan in der Araba (dem heutigen Jordanien) und im südlicher gelegenen Timna begannen mit der Produktion von Kupfer. Dieses wurde auf dem Landweg in die phönizischen Küstenstädte gebracht, von wo aus es bis nach Griechenland gelangte. Metallurgische Untersuchungen von griechischen Dreifüßen aus der Zeit von 950 bis 750 haben ergeben, dass das verwendete Kupfer aus dem ostjordanischen Feinan stammt (M. Kiderlen). Ganz ähnlich ist der Befund in der Phönizierstadt Sidon. Dort wurde zwar Keramik aus Zypern gefunden, das Kupfer jedoch aus den Kupferminen des

Sinai importiert. Wenn die These zutrifft, dass die Kupferminen auf dem Sinai von halbnomadischen Stammesgesellschaften betrieben wurden und diese Kontakte zu vergleichbaren Gruppen im Negeb hatten (zum Beispiel in *Ḫirbet el-Mšāš/Tel Maśōś*), dann lässt sich ein Handelsweg rekonstruieren, der von der Araba über die Handelsstraßen des Negeb bis zu den philistäischen und phönizischen Küstenstädten reichte und von dort über das Mittelmeer bis in die Ägäis. Dazu passt, dass entlang dieser Handelsstraße ägyptische Keramik gefunden wurde und sich für die Zeit Scheschonqs I. eine Intensivierung der Bergbauproduktion in den Kupferminen des Wadi Feinan nachweisen lässt. Auch belegen ägyptische Siegelamulette – die «nachramessidische Massenware» – eine Verbindung zwischen der südlichen Levante und Ägypten im 10. Jahrhundert. Das Bildprogramm der Gruppe verweist auf die Produktion mancher Stücke in Ägypten, vermutlich am Amun-Tempel von Tanis, und anderer im südlichen Philistergebiet, vielleicht im Umfeld des alten Tempels von Gaza.

Mit anderen Worten: Es lässt sich zwar für die Zeit Salomos eine Handelsverbindung zwischen Ägypten und der südlichen Levante und eine Ausweitung der Handelsräume bis in die Ägäis hinein nachweisen, doch spricht nichts dafür, dass Jerusalem oder auch Salomo Anteil daran hatten. Vielmehr belegt der Palästinafeldzug Scheschonqs I., dass Jerusalem samt seinem Stadtkönig im 10. Jahrhundert keine überregionale Bedeutung hatte und an den internationalen Handelswegen der Zeit nicht partizipierte.

Der Palästinafeldzug Scheschonqs I. und Salomos Baupolitik

Die Konsolidierung der altorientalischen Reiche im 10. Jahrhundert führte dazu, dass in Ägypten erstmals nach dem Ende der Ramessidenherrschaft wieder an eine aktive Außenpolitik zu denken war. Nachdem Pharao Scheschonq I. (943–923) das Land innenpolitisch geeint hatte, zog er gegen Ende seiner Regierungszeit in die südliche Levante (vermutlich 926/25). Einige Forscher haben angenommen, dass Scheschonq I. die alte ramessidische Hegemonialmacht wieder aufrichten wollte. Die Route des Pharaonenheeres zeigt jedoch, dass es ihm um die Kontrolle der Handelswege ging. Neben der Handelsstraße durch den Negeb galt sein Interesse der Küstenstraße *(Via Maris)*. In Megiddo wurde das Fragment einer großen Stele mit dem Namen Scheschonqs I. gefunden. Dies könnte darauf verweisen, dass Scheschonq I. Megiddo und nicht etwa die alte ägyptische Garnisonsstadt Beth Schean zum politischen Zentrum machen wollte. Der Grund hierfür dürfte in der Bedeutung der Küstenebene liegen, wo der von den Philistern kontrollierte Landhandel und der phönizische Seehandel zusammentrafen.

Die Anordnung der Ortsnamen auf der Palästinaliste (HTAT 102) könnte darauf verweisen, dass von Megiddo aus kleinere Stoßtrupps ins Landesinnere gezogen sind. Dabei fällt auf, dass Orte genannt werden, die in der Geschichte des Königreiches Israel von Bedeutung sind: Adama (Nr. 56), Penuel (Nr. 53), Sukkot (Nr. 55?), Mahanajim (Nr. 22) und Tirza (Nr. 59). Jerusalem wird nicht erwähnt, so wie auch andere Ortschaften des Königreiches Juda vom Pharaonenheer kaum beachtet wurden. Dies spricht dafür, dass Juda kurz nach dem Tod Salomos – 1. Kön 14,25 datiert den Feldzug in das 5. Jahr von Salomos Nachfolger Rehabeam – nach wie vor unbedeutend war: ohne nennenswerten Einfluss und ohne ein Herrschaftsgebiet, das die Aufmerksamkeit des ägyptischen Pharao auf sich zog.

Was aber lässt sich dann über Salomo sagen, wenn er weder umfangreiche Handelskontakte hatte noch direkte Beziehungen nach Ägypten? Die biblischen Texte verbinden mit Salomo den Bau des Jerusalemer Tempels. Dem Buch der Könige zufolge wurde (auf dem Gelände eines Vorgängerbaus aus älterer Zeit?) ein dreigeteilter Langhaustempel im syrischen Stil errichtet. Die Dimensionen dieses Tempels werden in 1. Kön 6–7 so übertrieben dargestellt, dass es sich – würde man die Angaben ernst nehmen – um den größten Tempel der Levante gehandelt hätte, deutlich größer als die eisenzeitlichen Tempel in Atarot, Beth Schean, Pella/*Ṭabaqāt Faḥil*, *Tell ʿĀfīs* und *Tell Taʿyīnāt*. Ein solcher Riesenbau hätte die Wirtschaftskraft des Jerusalemer Stadtkönigtums unter Salomo bei Weitem überstiegen. Gegen den in der Bibel beschriebenen Bau spricht auch, dass die Tempel von *Tell Taʿyīnāt* und *ʿĒn Dārā*, die ihm am ähnlichsten sind, aus dem späten 9. bzw. frühen 8. Jahrhundert stammen. Darum ist Vorsicht geboten bei allen Versuchen, den Tempel Salomos und die Umstände seines Baus genauer bestimmen zu wollen.

Will man trotzdem an der These vom Bau eines Tempels unter Salomo festhalten, dann könnte sich ein Hinweis darauf, wie es sich tatsächlich abgespielt hat, in 1. Kön 5,15–26 und 9,10–14 finden. In den beiden Texten, die in ihrer vorliegenden Form nicht vor dem 7. Jahrhundert entstanden sind, wird erwähnt, dass Salomo von Hiram, dem Stadtkönig von Tyrus, Zedernholz gekauft und dafür mit Lebensmitteln (Weizen und Öl) bezahlt habe. Dies passt zu der bereits genannten ägyptischen Erzählung des Wenamun, die davon berichtet, dass der Handel mit Zedernholz von den Phöniziern kontrolliert und Holz für den Tempelbau dort erworben wurde (HTAT 100). Den Angaben in 1. Kön 5 und 9 könnte daher ein historischer Kern zugrunde liegen. Allerdings bestand dieser kaum darin, dass Salomo an Hiram zwanzig Städte in Galiläa abtrat (1. Kön 9,11–13), denn das würde voraussetzen, dass Salomo das galiläische Gebiet kontrollierte, wofür nach Stand der Dinge wenig spricht. Insofern kann festgehalten werden: Salomo kontrollierte als Stadtkönig der alten Bergfestung Jerusalem ein Herrschaftsgebiet, das nicht über die Grenzen des spätbronzezeitlichen Stadtstaates Jerusalem hinausging und im Wesentlichen dem Machtbereich Davids entsprach. Aufgrund des Baus eines Tempels westlich der Davidstadt ergab sich die Notwendigkeit, Kontakte zu den Phöniziern herzustellen, denn das Bauholz und die weiteren Materialien, von denen der Tempelbaubericht in 1. Kön 6–7 erzählt, konnten nur von diesen bezogen werden.

Zusammenfassung

«Israel» war in dem Zeitraum von der Stele des Merenptah (1208) bis zum Palästinafeldzug Scheschonqs I. (926/25) eine ephemere Größe. Es handelte sich zunächst um eine Personengruppe, die in der Ebene lebte (vielleicht im Umfeld einer ägyptischen Stadt) und die sich in der Zeit des Niedergangs der spätbronzezeitlichen Stadtkultur im Bergland niederließ, wo sie der ägyptischen Kontrolle entzogen war. Mit der Zeit kam es zur Ausbildung von Allianzen zwischen den kleinen Siedlungen, aus denen ein (Stammes-)Königtum hervorging (Saul). Unter David, der den biblischen Texten zufolge im Süden agierte, geriet die einzige spätbronzezeitliche Stadt in den Blick, die im Bergland lag – Jerusalem. Bereits in der Spätbronzezeit war Jerusalem das Verwaltungszentrum eines recht großen Gebietes gewesen, jedoch ohne politische Bedeutung.

Während David das Verdienst zukommt, Jerusalem zu einer israelitischen Stadt gemacht zu haben, liegt die Leistung Salomos darin, die ehemalige Bergfestung zu einem religiösen Zentrum ausgebaut zu haben. Für den Bau eines kleinen Tempels waren Handelskontakte mit den Phöniziern erforderlich, weil nur diese über das wichtige Zedernholz verfügten. Das bedeutet jedoch nicht, dass Salomo weitreichende Handelsverbindungen hatte, wie es die biblische Darstellung beschreibt. Vielmehr kontrollierten die Phönizier zur See und die Philister zu Land die Handelswege – Letztere mit Kontakten nach Ägypten und zu den Bergbaugebieten der Araba. Das Königreich Salomos befand sich abseits dieser Wege und im Schatten der Großmächte.

2. Israel und Juda bis zur Eroberung Samarias (926/25–722/20 v. Chr.)

In der biblischen Darstellung der Geschichte Israels folgt auf die Zeit des Reiches Davids und Salomos die «Reichsteilung» in das Nordreich Israel und das Südreich Juda (1. Kön 12). Historisch hat es eine solche Reichsteilung jedoch nicht gegeben. David und Salomo haben den Norden nicht kontrolliert. Vielmehr ist von einem Nebeneinander zweier territorialer Einheiten auszugehen: im Norden das Gebiet des spätbronzezeitlichen Stadtstaates Sichem, dessen Hauptstadt Sichem nach wie vor zerstört war, und im Süden das Territorium des spätbronzezeitlichen Stadtstaates Jerusalem *(Karte 2)*. Über die Entwicklung im Norden lässt sich nur soviel sagen, dass es im 10. Jahrhundert zu einer Reurbanisierung kam, die in das Königtum der Omriden im 9. Jahrhundert einmündete. In Sichem/*Tell Balāṭa* zeigt sich dies in einer kleinen Siedlung der Eisenzeit IIA, die gut 150 Jahre nach Zerstörung der Stadt errichtet und kurze Zeit später durch eine Stadt ersetzt wurde.

Über diese Entwicklung gibt das Alte Testament allerdings keine Auskunft. Die biblische Geschichtsschreibung hat ein starkes Interesse an Juda, was in den Chronikbüchern aus dem 4./3. Jahrhundert so weit geht, dass das Königreich Israel überhaupt nicht mehr erwähnt wird. Historisch gesehen war es jedoch genau umgekehrt. Mit Israel gab es im Norden ein bedeutungsvolles Königtum, während Juda im Süden erst aufblühte, als das Königreich Israel nicht mehr existierte, nach 722/20.

Der Alte Orient und die Westexpansion der Neuassyrer

Die Geschichte des Königreiches Israel muss vor dem Hintergrund der politischen Ereignisse im Alten Orient gesehen werden. Während in der Spätbronzezeit Ägypten die südliche Levante prägte, ist die Epoche der Königreiche Israel und Juda durch die *Assyrer* bestimmt. Die Westexpansion der neuassyrischen Könige führte dazu, dass die bis dahin selbständigen Stadtstaaten und lokalen Königtümer der südlichen Levante Bündnisse eingehen mussten. Über einen Zeitraum von gut 200 Jahren sahen sich die neuassyrischen Könige immer wieder wechselnden antiassyrischen Koalitionen ausgesetzt. Allerdings konnten diese den Vormarsch der Assyrer nicht stoppen. Erst als die Neuassyrer im 7. Jahrhundert gegen Ägypten vorgingen und die Neubabylonier dies nutzten, um in assyrisches Kernland einzudringen, zogen sich die neuassyrischen Herrscher aus der südliche Levante zurück.

Den Anfang machte der assyrische König Tiglatpileser I. (1117–1077). Er zog bei seinem Versuch, das Erbe der Hethiter anzutreten, bis zum Mittelmeer und empfing den Tribut der Küstenstädte Sidon, Byblos und Arwad (TUAT I/4, 356f). Allerdings war die territoriale Ausdehnung nur von kurzer Dauer. Es folgten einige machtlose Herrscher, bis schließlich an der Wende vom 10. zum 9. Jahrhundert unter König Adadnerari II. (912–891) eine große Expansionsbewegung nach Westen einsetzte. Er unternahm Feldzüge gegen die Babylonier und Aramäer und führte in den eroberten Gebieten eine staatliche Verwaltung ein. Seine Nachfolger bauten diese Expansionspolitik aus und schufen dafür ein Verwaltungssystem in den tributpflichtigen Territorien.

Unter Tukulti-Ninurta II. (891–884) und Assurnasirpal (884–859) wurden große Teile Nordsyriens und Kilikiens unterworfen. Ihr Nachfolger, Salmanassar III. (858–824), dehnte das Reich nach Osten und Süden aus. Zwischen 853 und 838 unternahm Salmanassar III. sechs Feldzüge nach Südsyrien, von denen die neuassyrischen Königsinschriften berichten (HTAT 106–114).

Nach einer Schwächephase der Assyrer ab der zweiten Hälfte des 9. Jahrhunderts, die umgehend von den aramäischen Stadtstaaten, allen voran Damaskus, für ihre Politik genutzt wurde, erreichte die neuassyrische Expansionspolitik unter Tiglatpileser III. (745–727) ihren Höhepunkt. Er brachte nahezu ganz Vorderasien unter seine Kontrolle und schuf ein straff organisiertes Vasallensystem, das er religionspolitisch mit dem universalen Anspruch des Staatsgottes Aššur begründete. Die Vasallen mussten Tribut zahlen und wurden, sollten sie ihren Verpflichtungen nicht nachkommen oder gegen die Hegemonialmacht aufbegehren, mit Deportation, dem Austausch des Herrschers oder der Umwandlung des Gebiets in eine assyrische Provinz bestraft.

Diese kompromisslose Politik ging mit der Einrichtung eines Verwaltungssystems einher, das ökonomischen Zielen diente. Beides führte zu einer bemerkenswerten kulturellen Entwicklung. Es kam unter den Assyrern zum Ausbau von Städten in der südlichen Levante und zur weiteren Internationalisierung der Handelswege. Auf dem Höhepunkt der neuassyrischen Expansionspolitik im 8. und 7. Jahrhundert weiteten die Phönizier ihre Handelsbeziehungen auf dem Mittelmeer bis nach Südspanien aus, und von den Neuassyrern eingesetzte Händler, *tamkāru* genannt, waren in der nördlichen und südlichen Levante als überregionale Handelsagenten unterwegs. In einer kurzen Notiz der Salomogeschichte in 1. Kön 10,28–29 scheint dieses Wissen literarisch verarbeitet worden zu sein. König Salomo werden Großhändler zugeordnet, die zwischen Ägypten, der südlichen Levante und dem nordsyrischen Gebiet tätig waren.

Neben den Neuassyrern sind die *Aramäer* für die Geschichte Israels und Judas vom Scheschonqfeldzug (926/25) bis zur Eroberung Samarias von Bedeutung. Im 10. und 9. Jahrhundert entstanden vom Euphrat bis nach Südsyrien lokale Königtümer und aramäische Kleinstaaten. Während die phönizischen Städte im Norden und die philistäischen im Süden auf jede Expansionspolitik verzichteten, versuchten die Aramäer immer wieder, die wechselnden politischen Konstellationen für ihre Zwecke zu nutzen. Im 9. Jahrhundert erstarkte Aram-Damaskus und unterwarf die kleineren Königtümer von Geschur am See Genezareth, Bet-Rehob und Abel-Bet-Maacha. Dies hat Konsequenzen für die Geschichte Israels, denn ein Herrschaftsgebiet von Bethel bis Dan, wie es für Jerobeam I. (927/26–907) im Buch der Könige behauptet wird, ist historisch ausgeschlossen. Das biblische Dan/*Tell el-Qāḍī*, wo 1. Kön 12,29 zufolge neben Bethel ein Reichsheiligtum gestanden haben soll, wurde – nach einer aramäischen Phase – erst zu Beginn des 8. Jahrhunderts israelitisch.

Das Königreich Israel und die Herrschaft Omris

Die Geschichte des Königreiches Israel im 9. Jahrhundert kann anhand von vier altorientalischen Quellen rekonstruiert werden: (1) der Inschrift König Meschas von Moab, (2) den Annalen Salmanassars III., (3) dem «Schwarzen Obelisk» aus dem Jahr 841 und (4) der 1993 gefundenen Tel-Dan-Inschrift. Verbindet man diese vier Texte mit der Geschichte des Alten Orients und dem archäologischen Befund, so entsteht eine Abfolge von Ereignissen, die bei der territorialen Expansion der Omriden um 880 einsetzt und über die neuassyrische Machtzunahme gut dreißig Jahre später bis zum Erstarken des Aramäerkönigs Hasael reicht. Dieser nutzte um 830 eine Schwächephase der Assyrer, um gegen Israel und die (vermutlich) davon abhängigen Könige des Hauses Davids in Jerusalem vorzugehen.

Die *Mescha-Stele* aus dem ostjordanischen Dibon/*Ḏībān* (HTAT 105) gibt Aufschluss über die Expansion Israels unter König Omri (882–871). Dieser nutzte eine Situation, in der sich Aramäer und Assyrer gegenseitig neutralisierten, um in das ostjordanische Land Moab zu expandieren. In der Bauinschrift aus dem Heiligtum für den moabitischen Nationalgott Kemosch wird eine Reihe von Orten genannt, die von Omri und seinen Nachfolgern, den Omriden, kontrolliert worden waren. Der Text erwähnt unter anderem Jahas (Z. 19), das vermutlich mit *Ḫirbet el-Mudēyine* im nördlichen Moab gleichzusetzen ist und im 9. Jahrhundert mit einer Kasemattenmauer und einem kleinen Sechskammertor festungsartig ausgebaut wurde.

Damit sind zwei archäologische Charakteristika der Omridenzeit genannt. Es kam zum Ausbau von Orten mit Festungs- und Palastanlagen. Solche Funktionalbauten wurden in Megiddo, Hazor und Gezer (Sechskammertore) gefunden, aber auch in Sichem, Bethel, *Tell el-Mālāt*, Tirza/*Tell el-Fārʿa* Nord und *Tell el-Qasīle*. Allerdings kann nicht in allen Fällen die Architektur mit den Omriden verbunden werden. So weisen die Funktionsbauten in Dor zwar Charakteristika der Omridenzeit auf, jedoch spricht der archäologische Befund der Eisenzeit IIA dafür, dass Dor nach wie vor phönizisch war.

Unter König Omri wurde Samaria zur Hauptstadt des Königreiches Israel ausgebaut (1. Kön 16,24). Der Ort liegt verkehrstechnisch günstig an einer Ost-West-Verbindung zur Küstenstraße *(Via Maris)* und hat Zugang zur Nord-Süd-Achse, die Jerusalem mit der Jesreel-Ebene und Beth Schean verbindet. Während Samaria in der Eisenzeit I kaum besiedelt war, wurde nun eine massive Palastanlage geschaffen mit großen Quadersteinen und einer (später hinzugefügten?) Kasemattenmauer.

Dabei blieb zunächst die vor-omridische Bedeutung der Stadt als landwirtschaftliches Zentrum erhalten.

Samaria war das Zentrum der Wein- und Olivenverarbeitung des südlichen samarischen Berglandes. Der Palastbezirk umfasste nur 2,4 Hektar und war damit nicht wesentlich größer als der Palastbezirk anderer Städte im Herrschaftsgebiet der Omriden (Sichem, Tirza, Penuel, Jesreel). Dies könnte darauf hindeuten, dass das omridische Königtum mobil war und zwischen verschiedenen Orten wechselte (H. M. Niemann). Es wäre aber auch denkbar, dass der Ausbau des landwirtschaftlichen Zentrums Samaria zu einer Residenzstadt zunächst nicht mit einer Gebietserweiterung der Stadt einherging. Wie man sich auch entscheidet – fest steht, dass unter den Omriden die Könige Israels zu einem wichtigen Faktor auf der politischen Bühne des Alten Orients wurden.

Auch wirtschaftlich fand das Königreich Israel Anschluss. Kostbare phönizische Elfenbeinarbeiten, die in Samaria gefunden wurden, belegen den Zugang zum Fernhandel und den Einfluss syro-phönizischer Traditionen in der Bildkunst. Wenn man die undatierten Elfenbeinarbeiten mit dem in 1. Kön 22,39 genannten «Elfenbeinhaus» Ahabs (871–852) verbinden darf, wird man sie der Omridenzeit zuordnen. Vielleicht stehen sie aber auch im Kontext der von Jerobeam II. (787–747) geschaffenen Verwaltungsstrukturen samt umfangreicher Kontakte zum Fernhandel. Auf jeden Fall wurde das Köngreich Israel unter den Omriden erstmals ein vollwertiges Mitglied der altorientalischen Welt und – beachtet man die territoriale Ausdehnung – jener «geopolitische Player», den das Alte Testament mit Salomo verbindet. Zu dieser falschen Zuschreibung historischer Größe kam es, weil die Omriden nicht in das Geschichtsbild der Jerusalemer Schreiber passten. Ihre Dynastie wird deshalb in den Königebüchern nur sehr knapp und als instabile Zeit mit einem Gegenkönig beschrieben (1. Kön 16,21–22).

Neuassyrer, Aramäer und Israeliten im 9. Jahrhundert

Die Reduzierung des Herrschaftsgebietes der Omriden, von der die Mescha-Stele für das Ostjordanland berichtet, steht im Kontext der Westexpansion der Neuassyrer. Mit Salmanassar III. (858–824) war ein neuassyrischer Herrscher angetreten, der mit aller Macht nach Südwesten drängte. Im Rahmen verschiedener Feldzüge kam es zu Auseinandersetzungen mit einer antiassyrischen Koalition, von denen die neuassyrischen Königsinschriften ausführlich berichten (HTAT 106–110). Bei der Schlacht von Qarqar im Jahr 853 stand Salmanassar III. einem Heer unter Leitung des Aramäerkönigs Hadadeser von Damaskus gegenüber. In der Liste der beteiligten Könige wird an dritter Stelle «Ahab von Israel» mit «2000 Streitwagen und 10 000 Fußsoldaten» genannt (HTAT 106, Z. 91–92). Auch wenn die Zahlen historisch kaum zutreffen, ist bemerkenswert, dass Ahab das größte Streitwagenkontingent aller beteiligten Könige beisteuerte.

Entgegen der Darstellung der neuassyrischen Königsinschrift endete die Schlacht von Qarqar nicht mit einem Sieg Salmanassars III. Vielmehr kämpfte er über fünfzehn Jahre lang gegen die antiassyrische Koalition, die in jüngeren Inschriften nur noch als «12 Könige vom Meer» bezeichnet wird. Dass daran auch die Könige von Samaria beteiligt waren, wird an Ereignissen des Jahres 841 deutlich. In einem Bericht über einen Feldzug Salmanassars III. gegen Damaskus werden in einer Auflistung auch der «Tribut des Tyriers, des Sidoniers» und des «Jehu von *Bīt Hūmrī*» erwähnt (HTAT 112, Z. 25″–27″). Dazu passt eine Bildszene auf dem «Schwarzen Obelisk» Salmanassars III. aus dem gleichen Jahr. Dort wird im zweiten Register König Jehu dargestellt und dazu geschrieben: «Tribut des Jehu von *Bīt Hūmrī*» (HTAT 113, *s. Buchcover*).

Die Verbindung von Jehu mit dem «Haus Omris» *(Bīt Hūmrī)* ist erklärungsbedürftig, denn dem Alten Testament zufolge gehörte Jehu (845–818) einem anderen Herrschergeschlecht an. Auch soll er den letzten omridischen Herrscher, Joram (851–845), in einem Putsch getötet haben (2. Kön 9,24). Der biblische Bericht in 2. Kön 9–10 weist jedoch starke religionspropagandistische Züge auf. Er stellt Jehu als Kämpfer gegen den Baalskult unter Omri dar und nimmt mit dem Fenstersturz der frevelhaften Königsgemahlin Isebel eine geradezu dramatische Wendung.

Historisch wird es schlicht so gewesen sein, wie es der Bericht über den Feldzug Salmanassars III. im Jahr 841 erkennen lässt. Es gab eine Verbindung zwischen Jehu und den Aramäern, namentlich König Hasael von Damaskus (HTAT 112). Die Machtergreifung Jehus muss vermutlich im Kontext der Expansionspolitik der Aramäer gesehen werden. Vielleicht sogar als Vasall des Hasael eingesetzt, begründete Jehu eine eigene Dynastie, die nach seinem Vater (1. Kön 19,16; 2. Kön 9,20) die «Nimschiden» genannt wird und die auch inschriftlich bezeugt ist (Samaria-Ostraka, Inschrift vom Tel Rehov). Dass Salmanassar III. Jehu mit dem «Haus Omris» verbindet, könnte darauf hindeuten, dass die Omriden nach wie vor die politische Größe waren, die man außerhalb Israels kannte.

Die Verbindung zwischen den Aramäern und Israel wird auch in dem vierten altorientalischen Text greifbar, der für die Geschichte Israels im 9. Jahrhundert wichtig ist, die Tel-Dan-Inschrift. Sie ist mit dem Aramäerkönig Hasael (ca. 843–803) zu verbinden (HTAT 111), der bis in die südliche Levante hinein expandierte. Diverse Zerstörungen in der Schefela und in der Küstenebene stehen in Zusammenhang mit den Feldzügen Hasaels. Die Tel-Dan-Inschrift belegt, dass er auch gegen die Könige von Israel und Juda vorging. Sie erwähnt einen «König von Israel» und einen «[Kön]ig von Beth-David» (HTAT 116, Z. 8′–9′). Der fragmentarische Text lässt vermuten, dass es sich bei Ersterem um «[Jo]ram, den Sohn [Ahabs]» handelte und bei Letzterem um «[Ahas]ja» (Z. 6′–8′).

In der zweiten Hälfte des 9. Jahrhunderts kamen somit drei politische Veränderungen zusammen, die alle das von Omri geschaffene Reich betrafen. Die ostjordanischen Gebiete lösten sich (Mescha-Stele), die Neuassyrer unter Salmanassar III. unterwarfen das südsyrische Gebiet (Tribut des Jehu), und die Aramäer, namentlich Hasael von Damaskus, expandierten nach

Süden. Dies führte zum Konflikt zwischen den Aramäern und den Königreichen Israel und Juda, der in den biblischen Texten über die Auseinandersetzung mit den Aramäern einen literarischen Niederschlag gefunden haben könnte (1. Kön 19,15; 20; 22; 2. Kön 5–8).

Das Königreich Juda im 9. und 8. Jahrhundert

Die territoriale Ausdehnung der Omriden bis in das Ostjordanland führt zu der Frage, wie eigentlich der Kontakt zwischen den Königen im Norden und denen im Süden war. Ist es vorstellbar, dass sich die Omriden massiv nach Westen und Süden ausdehnen konnten, ohne dass Jerusalem und Juda davon betroffen waren?

Die biblischen Texte bezeugen verschiedene Verbindungen zwischen den Omriden und den Herrschern von Jerusalem. Die Prinzessin Atalja war eine Omridin (2. Kön 8,18: Tochter Ahabs, 2. Kön 8,26: Tochter Omris) und mit dem Jerusalemer König Joram verheiratet. Dieser Joram regierte fast zur gleichen Zeit wie ein König gleichen Namens in Samaria, so wie auch im Norden und Süden jeweils Könige mit Namen Ahasja und Joasch an der Macht waren. Sind diese Übereinstimmungen so zu interpretieren, dass der gleiche König in Israel und Juda regierte, dass also Juda ein «Filialkönigtum» Israels war (C. Frevel)?

Auch wenn die Verwandtschaftsverhältnisse zwischen den Königen von Samaria und von Jerusalem zum Teil unklar sind, müsste erst noch der Nachweis geführt werden, dass die Könige Joram, Ahasja und Joasch im Süden wirklich mit den gleichnamigen Herrschern im Norden identisch sind. Insofern kann festgehalten werden: Die Könige des Südens standen ab Joschafat (868–847) für gut hundert Jahre (Jotam, 756–741) in einem durch die biblischen Texte «verschleierten Vasallenverhältnis» zum Norden (H. Donner). Dabei gab es je nach politischer Situation und Herrscher mal lockere und mal engere Verbindungen – im Falle des Joasch vielleicht sogar in Personalunion ein- und denselben König in Samaria und Jerusalem. Die Tel-

Dan-Stele belegt für ca. 830 das Nebeneinander eines «Königs von Israel» und eines «Königs vom Haus Davids». Dies verweist darauf, dass Israel und Juda sich nicht auf gleicher Augenhöhe gegenüberstanden. Während es in Israel im 9. Jahrhundert ein einflussreiches Königtum gab, regierte in Jerusalem vermutlich immer noch ein Stadtkönig wie im 10. Jahrhundert.

Dazu passt der archäologische Befund. Die kulturelle Entwicklung in Jerusalem und Juda setzte mit gut dreißig bis fünfzig Jahren Verzögerung gegenüber dem Norden ein. In Jerusalem ist dies mit monumentaler Architektur verbunden. Die Stufenstruktur auf dem Südosthügel («stepped stone structure», S. 29) wurde mit einem fein gestuften Pflaster umgeben, das im oberen Bereich 40 Meter breit und mehr als 33 Meter lang war.

Etwa gleichzeitig kam es zu einem Ausbau der Städte Judas und einer Expansion nach Westen und Süden. In der Schefela wurden Beth Schemesch und Lachisch (Stratum IV) befestigt und im Süden Arad (Stratum XI). Nimmt man die Kasemattenmauer in *Tel Burna* und die Anlage auf dem *Tell el-Ḥesī* hinzu, so wurden sowohl die Westgrenze als auch die Südgrenze Judas ausgebaut. Eine Expansion in das Philistergebiet wurde erst möglich, als der Aramäerkönig Hasael um 830 die philistäische Metropole Gath/*Tell eṣ-Ṣāfī* und weitere Orte in der Küstenebene zerstörte (u. a. *Tell el-Fār'a* [Süd] und *Tel Sera*). Das Interesse Judas galt der Kontrolle der Handelsstraßen wie dem Handelsweg von Gaza nach Lachisch, der durch *Tell el-Ḥesī* gesichert wurde, oder der Fernhandelsstraße durch den Negeb. Denn obwohl der Kupferhandel in die Araba Mitte des 9. Jahrhunderts abbrach, waren die Handelswege in den Süden nach wie vor von Bedeutung.

Ein wichtiger archäologischer Befund zeigt, dass sich die Expansion Judas in die Handelsregionen hinein nicht ohne Beteiligung Israels vollzog. Gut 50 Kilometer südlich von Kadesch-Barnea wurde an der alten Handelsstraße nach Elat am Roten Meer eine Handelsstation aus dem 9. Jahrhundert ausgegraben. Sie war festungsartig gesichert und umschloss einen großen Hof. In der Anlage – *Kuntilet 'Ağrūd* ist ihr Name – entdeckten die Ausgräber große Vorratskrüge mit religionsgeschichtlich bedeutenden Inschriften. Darin wird der israelitische Gott Jahwe in einem Atemzug mit der Göttin Aschera und damit einer wichtigen Göttin der syrisch-palästinischen Religion genannt. Dies steht im klaren Gegensatz zur Polemik gegen Aschera im Alten Testament (vgl. 1. Kön 14,15; 15,13; 2. Kön 17,10; 18,4).

Sowohl die Paläographie der Inschriften als auch die Keramiktypologie und die ^{14}C-Daten datieren die Anlage in das späte 9. Jahrhundert. Die Wandmalereien und die Zeichnungen auf den Vorratskrügen lassen phönizischen Einfluss erkennen. Zudem weist die Bezeichnung «Jahwe von Samaria» in den Norden. Die Handelsstation bestand bis in das erste Viertel des 8. Jahrhunderts und könnte in Verbindung mit dem Seehandel auf dem Roten Meer stehen, der vermutlich mithilfe der Phönizier aufgebaut wurde (Ezjon Geber/*Ğezīret Farʿūn*). Auffällig ist, dass sich keinerlei Kontakt nach Juda und kein irgendwie gearteter judäischer Einfluss nachweisen lassen. Juda scheint von diesem handelspolitisch wichtigen Unternehmen ausgeschlossen gewesen zu sein. Dies könnte seinen literarischen Niederschlag in einer Notiz im 1. Königebuch gefunden haben, nur dass die Ereignisse dort genau umgekehrt dargestellt werden: 1. Kön 22,49–50 zufolge hat König Joschafat von Juda (868–847) ein Angebot der Omriden zur Zusammenarbeit im Fernhandel abgelehnt.

Wenn man diese Rekonstruktion des Königtums Juda im 9. Jahrhundert mit der Zeit Davids und Salomos verbindet, dann zeigt sich, dass sich Elemente einer «Staatlichkeit» in Juda, das heißt eine zentrale Verwaltung und der Ausbau von Städten, erst zu dem Zeitpunkt nachweisen lassen, als die Herrscher von Jerusalem in enger Verbindung zu den Königen Samarias standen. Die Politik der Omriden wurde zum Katalysator einer kulturellen Entwicklung im Südreich Juda, die in der zweiten Hälfte des 9. Jahrhunderts durch die Expansion der Aramäer unter Hasael nochmals befördert wurde. Damit wurden die Stadtkönige von Jerusalem, die man sich für den Beginn des 9. Jahrhunderts nicht viel anders vorstellen muss als zur Zeit Davids und Salomos im 10. Jahrhundert, zu Nutznießern einer Entwicklung, die sie selbst am wenigsten beeinflussen konnten. Dass dies dort endete, wo es um die Kontrolle der wirtschaftlich wichtigen Handelsstraßen ging, zeigt das Beispiel *Kuntilet ʿAǧrūd*, denn der Ausbau der Festungen im Westen und Süden Judas bedeutete nicht, dass die Könige von Jerusalem alleinverantwortlich die Handelswege kontrollieren konnten. Vielmehr waren sie von den Königen Israels abhängig.

Der Aufstieg Judas zu einem Königreich, das von den altorientalischen Herrschern auch als solches wahrgenommen wurde, vollzog sich erst hundert Jahre später. Für das Jahr 738 ist erstmals ein «König von Juda» belegt und nicht mehr ein «König vom Haus Davids», wie auf der Tel-Dan-Stele.

Israel und der Ausbau der Staatlichkeit im 8. Jahrhundert

Nachdem das neuassyrische Reich mit dem Tod Salmanassars III. im Jahr 824 seine Expansionsbestrebungen zunächst hatte ruhen lassen, knüpfte Adadnerari III. (811–783) an alte glanzvolle Zeiten an. Er ging mit aller Macht gegen die Aramäer vor, die weite Teile der südlichen Levante eingenommen hatten und auch die Königreiche Israel und Juda kontrollierten (vgl. 2. Kön 13,22–25). In den Jahren 805–802 brachte Adadnerari III. zunächst die Könige des syrischen Gebietes unter Kontrolle, die keine jährlichen Tribute mehr zahlten und damit das seit Salmanassar III. bestehende Vasallenverhältnis einseitig aufgekündigt hatten. Darauf folgte im Jahr 796 ein Feldzug gegen Aram und Damaskus.

In der Orthostateninschrift aus Nimrud preist Adadnerari III. sich damit, die Städte und Königtümer vom Euphrat bis nach «Edom und Philistäa» erobert und nach Belagerung von Damaskus den Tribut des Königs von Aram (Benhadad) empfangen zu haben (HTAT 121). In einer weiteren Steleninschrift erwähnt Adadnerari III. «den Tribut des Joas von Samaria» (HTAT 122, Z. 8). Vielleicht weist der Zusatz «von Samaria» darauf, dass das Nordreich deutlich an Fläche verloren hat und «Israel» zu Beginn der Herrschaft von König Joasch (= Joas/ 802–787) womöglich nur noch eine Art Stadtstaat um Samaria war. In jedem

Fall trat Joasch mit der Tributzahlung wieder in das von Jehu begründete Vasallenverhältnis zu den Assyrern ein und gewann so politischen Spielraum. Durch den Sieg der Assyrer über Benhadad von Damaskus ergab sich für ihn die Möglichkeit, in das zuvor aramäisch kontrollierte Gebiet vorzudringen, denn die Aramäer waren geschwächt. Sie mussten sowohl an Adadnerari III. als auch an seinen Nachfolger König Salmanassar IV. (782–773) hohe Tribute zahlen (HTAT 124).

Wie weit die biblisch bezeugte Ausdehnung des Herrschaftsgebietes Joaschs reichte (vgl. 2. Kön 13,25), ist schwer zu sagen. Vermutlich expandierte er in das Gebiet um den See Genezareth mit dem alten Königtum von Geschur (S. 26). Eventuell bereits zu seiner Zeit oder unter seinem Nachfolger Jerobeam II. (787–747) wurde das biblische Dan/*Tell el-Qādī* Teil des Herrschaftsgebiets von Israel. Denn unter Jerobeam II. wurden strategisch wichtige Orte zu Festungsstädten ausgebaut: Kinneret/*Tell el-ʿOrēme* (Stratum II) am See Genezareth sowie nördlich davon Hazor (Stratum VI/VA), Jokneam und Jibleam, die alle drei im früheren Einflussgebiet der Aramäer lagen. Das wichtige Handelszentrum Megiddo (Stratum IVB) wurde mit administrativen und militärischen Gebäuden erheblich erweitert und mit der Erschließung der ökonomisch wichtigen Gebiete im Westen die Grundlage für einen wirtschaftlichen Aufschwung gelegt.

Die im Palastbezirk von Samaria gefundenen «Samaria-Ostraka» belegen für die Zeit Jerobeams II. enge Verbindungen zwischen der lokalen Elite und dem Palast (HTAT 125–138). Vermutlich bildete dieses Wirtschaftssystem den Hintergrund für die Sozialkritik der Propheten im ausgehenden 8. Jahrhundert. Die Kritik des Amos, der zufolge die Landbevölkerung von einer reichen Elite ausgebeutet wurde, steht im Kontext einer wirtschaftlichen Entwicklung, bei der das alte Modell einer Subsistenzwirtschaft durch eine Art Rentenkapitalismus ersetzt wurde. Die Bauern mussten nun das Land pachten und liefen so Gefahr, bei schlechten Erträgen in Schuldsklaverei zu gelangen (vgl. Amos 4–5).

Juda und seine Hauptstadt Jerusalem im 8. Jahrhundert

Das Machtvakuum, das aufgrund des Machtverlustes der Aramäer und der Schwäche der Assyrer unter den Nachfolgern Salmanassars IV. (782–773) entstand, führte auch in Juda zu einer Phase der wirtschaftlichen Prosperität. Der Ausbau Judas kann beispielhaft an Lachisch *(Tell ed-Duwēr)* in der Schefela verdeutlicht werden. Die neben Jerusalem bedeutendste Stadt Judas wurde im 8. Jahrhundert (Stratum IV–III) ähnlich wie Megiddo zu einem militärischen Stützpunkt und lokalen Verwaltungszentrum erweitert. Vergleichbare Befestigungsanlagen fanden sich auch in *Tell Bēt Mirsim* und in Beth Schemesch. Zudem wurden die Negeb-Festungen von Arad (Stratum X/IX) und *Tell es-Sebaʿ* (Stratum III–II) ausgebaut, Erstere mit einem kleinen Jahwe-Tempel mit Opferalatar im Hof und einer Kultnische. Hinzu kamen Festungsbauten im südlichen Negeb (Kadesch-Barnea/*Tell el-Qedērat*) und am Roten Meer (Ezjon-Geber/*Ǧezīret Farʿūn* und Elat/*Tell el-Ḫulēfe*).

Insgesamt zeigt sich ein systematischer Ausbau von Städten und Festungsanlagen entlang der Handelswege. Mit dem direkten Zugang zum Fernhandel durch die Negeb-Wüste in den edomistisch-arabischen Bereich erweiterten die Könige von Juda ihren Einfluss erheblich. Erstmals überhaupt entstand auf dem Boden Judas ein voll ausgebauter Staat mit einer Hauptstadt, die diesen Namen auch verdiente – Jerusalem.

Nachdem bereits Ende des 9. Jahrhunderts – vermutlich unter Einfluss des Königreichs Israel – in Jerusalem monumentale Architektur entstanden war, finden sich nun verstärkte Zeichen von Schriftlichkeit. Aus der Mitte des 8. Jahrhunderts stammt vermutlich eine Gruppe gesiegelter Tonbullen aus der Nähe der Gihonquelle, von denen manche in das 9. Jahrhundert datieren. Auch wurden zahlreiche althebräische Ostraka aus dem letzten Viertel des 8. Jahrhunderts gefunden, die auf eine königliche Verwaltung hinweisen.

Der Aufbau dieser Verwaltung ging mit der territorialen Erweiterung der Stadt einher. Das Siedlungsgebiet Jerusalems wurde im 8. Jahrhundert nach Westen hin erweitert, gleichzeitig entstanden kleinere Siedlungen an den Hängen der alten Davidstadt sowie Bauten nahe der «stepped stone structure» wie etwa das «Burned House». Es gab noch keine Stadtmauer, vielmehr blieb der Südosthügel nahe der Akropolis unbefestigt.

Im Rahmen dieses Stadtausbaus wurde auch die Wasserversorgung verändert, denn es bestand immer noch das alte System aus der Mittelbronzezeit II (ca. 2000–1550), bei dem das Wasser aus der Gihonquelle über ein Tunnelsystem in ein 15 x 10 Meter großes Speicherbecken geleitet wurde. In der zweiten Hälfte des 8. Jahrhunderts wurde dieses Becken verfüllt und überbaut. Wahrscheinlich wurde ein direkterer Zugang zur Quelle geschaffen, jedoch reichte auch diese Maßnahme nicht aus, um die Stadt ausreichend mit Wasser zu versorgen, so dass im 7. Jahrhundert ein 533 Meter langer Tunnel zur Gihonquelle gegraben wurde – der sogenannte Siloah-Tunnel (*Karte 3*).

Das Erstarken Judas und Jerusalems muss im Zusammenhang mit einer zunehmenden Loslösung von Israel gesehen werden. In einer neuassyrischen Inschrift aus dem Jahr 738 wird erstmals ein König von «Juda» erwähnt. Dieser König, «Joahas von Juda» (HTAT 140), ist mit dem Ahas der biblischen Geschichtsschreibung identisch (741–736). Ganz gleich, wie man das Mit- und Nebeneinander der Könige von Samaria und Jerusalem im 9. und 8. Jahrhundert im Einzelnen bestimmt, die Phase, in der die Könige von Juda im Schatten der Könige von Israel standen, endete spätestens mit Ahas, wenn nicht sogar schon mit seinem Vorgänger Jotam (756–741).

Israel und Juda von Tiglatpileser III. bis zur Eroberung Samarias (722/20)

Die auf Salmanassar IV. folgende Schwächephase des neuassyrischen Reiches mündete unter Tiglatpileser III. (745–727) in die Wiederaufnahme der alten Westexpansion ein. Diese reichte über die Annexion des Königreiches Israel im Jahr 722 oder 720 bis zur Eroberung Ägyptens und der Einnahme Thebens 664. Als gleichzeitig Ägypten unter den Herrschern der 25. Dynastie erstarkte, bildete sich unter den Nachfolgern Tiglatpilesers III. am Ende des 8. Jahrhunderts jenes Gegenüber aus, das die südliche Levante für gut einhundert Jahre bestimmen sollte: die Ägypter im Südwesten und die Assyrer im Nordosten.

Nachdem Tiglatpileser III. zunächst die Macht im Kern seines Reiches gefestigt hatte, zog er 738 nach Westen und stellte schnell die alten Herrschaftsverhältnisse wieder her. Er unterwarf Mittelsyrien und Kilikien und drang in die südliche Levante ein, so dass den kleinen politischen Staaten nichts anderes übrig blieb, als ihre Tributzahlungen an die Neuassyrer zu erneuern. Auf der bereits erwähnten Stele aus dem Jahr 738 (HTAT 140) wird neben Ahas von Juda auch «Menahem von Samaria» genannt. Dies passt zu einer Notiz in 2. Kön 15,19–20, die von einem Tribut Menahems an Tiglatpileser III. weiß. Sachlich richtig wird der neuassyrische König mit seinem babylonischen Thronnamen *Pul* bezeichnet. Die kurze Notiz steht im Zusammenhang mit anderen biblischen Texten, in denen neuassyrische Könige namentlich erwähnt werden:

Tiglatpileser III. (745–727)	2. Kön 15,29; 16,7.10; 1. Chr 5,6 (als «Pul» in 2. Kön 15,19)
Salmanassar V. (727–722)	2. Kön 17,3; 18,9
Sargon II. (722–705)	Jes 20,1
Sanherib (705–681)	2. Kön 18,13; 19,20.36; Jes 36,1; 37,21.37
Asarhaddon (681–669)	2. Kön 19,37; Jes 37,38

Die Abfolge reicht von Tiglatpileser III. bis zu Asarhaddon und umfasst damit genau die Könige, mit denen die Westexpansion der Neuassyrer im 8. und 7. Jahrhundert zu verbinden ist. Es scheint, dass mit der Selbständigkeit des Königreiches Juda im 8. Jahrhundert schriftliche Aufzeichnungen einsetzten, so dass für diese Zeit die historischen Angaben in den – viel später verfassten – Königebüchern zuverlässiger werden, auch wenn der entschieden judäisch-jerusalemer Blickwinkel weiter die Texte bestimmt.

Nachdem Tiglatpileser III. im Jahr 738 die phönizischen Küstenstädte und das Königreich Israel tributpflichtig gemacht hatte, zog er in das Philistergebiet. Offenbar wollte er an der Grenze nach Ägypten im *Naḫal Muṣur* einen Stützpunkt errichten, um so den Weihrauch- und Gewürzhandel in die Araba zu kontrollieren. Der genannten Stele aus dem Jahr 738 zufolge zahlten Ahas von Juda (vgl. 2. Kön 16,8) sowie die Herrscher von Aschkelon, Ammon, Moab und Edom Tribut (HTAT 140). De facto hatte Tiglatpileser III. damit die gesamte Levante unter Kontrolle gebracht einschließlich der ostjordanischen Staaten. Dabei ging es weniger um politische Herrschaft als um die Schaffung eines Wirtschaftsraums, der den gesamten Landhandel der Zeit umfasste.

Die massive Ausdehnung des neuassyrischen Herrschaftsbereiches hatte zur Folge, dass die kleinen Vasallenstaaten und Stadtkönigtümer enger zusammenrückten. So versuchten nach Abzug Tiglatpilesers III. die Könige Rezin von Damaskus, Hiram II. von Tyrus und der (nach einem Putsch?, 2. Kön 15,23.25) in Samaria regierende Militär Pekach (735–733/32) gemeinsam gegen die Assyrer vorzugehen. Der biblischen Darstellung zufolge verweigerte König Ahas von Juda die Teilnahme an der antiassyrischen Koalition und bat Tiglatpileser III. um Hilfe, als die Koalitionäre Rezin und Pekach versuchten, ihn gewaltsam abzusetzen (2. Kön 16,7–8). Dieses militärische Vorgehen Israels gegen Juda ist von der Forschung als «syrisch-ephraimitischer Krieg» bezeichnet worden (J. Begrich). Ob der Konflikt zwischen dem Norden und dem Süden jedoch wirklich so umfangreich war, wie in der biblischen Geschichtsschreibung dargestellt (2. Kön 16,5–6; Jes 10,27–32; Hos 5,5–14), ist fraglich. Man wird das Mit- und Gegeneinander der Könige von Damaskus, Samaria und Jerusalem eher mit der grundsätzlichen Frage verbinden müssen, wie sich der jeweilige lokale Herrscher gegenüber der neuassyrischen Hegemonialmacht positionieren wollte. Und da setzte Ahas auf Kooperation, während Rezin und Pekach in der Konfrontation ihr Heil suchten. Die Politik des Ahas war letztlich erfolgreicher, auch wenn der biblischen Darstellung zufolge der Prophet Jesaja dagegen Stellung bezog (Jes 7,1–9).

Im Jahr 733 führte Tiglatpileser III. eine Strafexpedition

durch, bei der er Damaskus eroberte, das Herrschaftsgebiet Israels deutlich verkleinerte und neue Provinzen des neuassyrischen Reiches schuf. Neben Aram-Damaskus und dem ehemals phönizischen Küstenstreifen mit Dor sind dies die Provinzen Megiddo und Gilead, denen zuvor israelitisches Gebiet zugeschlagen wurde. Teile der samarischen Oberschicht wurden nach Assur deportiert (2. Kön 15,29). In Samaria selbst wurde nach dem Tod des Pekach (durch proassyrische Kräfte?, vgl. 2. Kön 15,30) mit Hoschea (731–723) ein neuer König eingesetzt. Neuassyrischen Inschriften zufolge zahlte Hoschea im Jahr 731 in der babylonischen Stadt *Sarrabānu* Tribut an Tiglatpileser III. (HTAT 147–149; 152).

Die Situation änderte sich mit dem Thronwechsel zu Salmanassar V. (727–722). Obwohl der Herrschaftswechsel reibungslos verlief, sah Hoschea von Israel offenbar die Gelegenheit gekommen, die Tributzahlungen einzustellen und diplomatische Beziehungen zu Ägypten aufzunehmen (2. Kön 17,4). Warum er dies tat, ist unklar, denn Ägypten war zu jener Zeit kein starker Verbündeter. Der von Hoschea kontaktierte Osorkon IV. regierte zwar über das der südlichen Levante zugeneigte Ostdelta des Nils, war aber nur einer von vier gleichzeitig amtierenden Herrschern. Osorkon IV. war weder in der Lage noch willens, in den Konflikt um Samaria einzugreifen. Er ging jedoch gänzlich anders vor, als das unmittelbar benachbarte Philistergebiet betroffen war.

Die Inschriften Tiglatpilesers III. berichten bereits für das Jahr 734 von einer Auseinandersetzung mit den Philistern, bei denen Chanunu, der Stadtkönig von Gaza, nach Ägypten geflohen war (HTAT 142). Kurze Zeit später floh Chanunu «gleich einem Vogel» aus Ägypten und wurde von Tiglatpileser III. wieder als Stadtkönig von Gaza eingesetzt. Die genauen Hintergründe sind unklar, der Vorgang zeigt jedoch, dass weder der neuassyrische Herrscher noch der ägyptische Pharao (sofern er überhaupt mit Chanunu befasst war) Interesse an weitergehenden Verwicklungen hatte. Dies bestätigte sich einige Jahre später, als Osorkon IV. im Jahr 720 auf eine massive assyrische Präsenz im südlichen Philistergebiet mit einem Geschenk an den neuassyrischen König Sargon II. reagierte (HTAT 157). Ägypten war nicht an einer Auseinandersetzung mit den Neuassyrern interessiert, solange es sich militärisch nicht dazu in der Lage sah. Dies sollte sich mit den kuschitischen Pharaonen der 25. Dynastie ändern, die in die Ereignisse auf der syro-palästinischen Landbrücke an der Wende vom 8. zum 7. Jahrhundert direkt eingriffen.

So blieb das Hilfsgesuch Hoscheas von Israel nach Ägypten im Jahr 727 ohne Reaktion, und Hoschea war auf sich allein gestellt. Die neuassyrische Strafexpedition ließ nicht lange auf sich warten. Salmanassar V. zog gegen Samaria und setzte Hoschea gefangen. In den neuassyrischen Texten nehmen sowohl Salmanassar V. (einmal) als auch Sargon II. (fünfmal) für sich in Anspruch, Samaria erobert zu haben (HTAT 150–152). Vielleicht darf man dies mit Notizen in 2. Kön 17,3; 18,9–10 verbinden, denen zufolge Samaria drei Jahre lang belagert wurde. Dann hätte die Belagerung Samarias unter Salmanassar V. begonnen, wurde jedoch durch seinen Tod im Jahr 722 unterbrochen, so dass erst Sargon II. 720 die Stadt endgültig eroberte.

Den neuassyrischen Quellen zufolge deportierten die Assyrer die Oberschicht, darunter auch Handwerker und Soldaten, und brachten das Inventar des Tempels von Samaria, einschließlich der Götterbilder, nach Assur (HTAT 151). Israel wurde als Provinz *Samerīna* in das neuassyrische Reich integriert und einem Statthalter unterstellt. Die Annalen Sargons II. berichten von einer Umsiedlungspolitik, bei der andere Bevölkerungsgruppen in Samaria angesiedelt wurden (HTAT 158). Allerdings bedeutete dies entgegen der biblischen Darstellung (2. Kön 17) nicht, dass auf dem Gebiet des ehemaligen Königreiches Israel eine Art Vielvölkerstaat entstand.

Es spricht einiges dafür, dass in jener Zeit eine Gruppe von Schreibern aus Samaria nach Jerusalem floh; vielleicht um einer Deportation nach Assur zu entgehen oder um auch weiterhin in der Nähe eines Jahwe-Tempels zu leben. Die Situation im Südreich Juda nach 722/20 und der Ausbau Jerusalems unter Hiskia und Manasse sprechen dafür, dass die Fluchtbewegung von Norden nach Süden und der damit verbundene «Brain drain» nicht zu unterschätzen sind. Auf der materiellen Ebene hatte die Eroberung Israels allerdings kaum Auswirkungen. Die Assyrer waren nach wie vor am Fernhandel und der Absicherung der Handelswege interessiert. Samaria, Dor und Dan wurden zu Verwaltungszentren ausgebaut, und in Megiddo, Kinneret/*Tell el-Oreme* sowie Hazor entstanden im 7. Jahrhundert Palastanlagen im assyrischen Stil. Zahlreiche neuassyrische Verwaltungstexte belegen den assyrischen Einfluss in den Provinzen bis hin zur Anwendung assyrischen Rechts (HTAT 164–171). Für den Kleinbauern, der für sein Ackerland Steuern zahlen musste, änderte sich genauso wenig wie für die Großgrundbesitzer. Nur dass die Abgaben nun direkt an die neuassyrischen Verwaltungszentren gingen und nicht mehr an eine königliche Registratur mit Sitz in Samaria.

Zusammenfassung

Die Geschichte der beiden Königreiche Israel und Juda unterscheidet sich deutlich von der biblischen Geschichtsschreibung. Während dort Israel durchweg unter einem negativen Vorzeichen steht und die Omriden nur knappe Erwähnung finden, werden Juda und Jerusalem eine Größe und Macht zugeschrieben, die für den Zeitraum vom Feldzug Scheschonqs I. (926/25) bis zur Eroberung Samarias (722/20) historisch nicht nachweisbar ist. Vielmehr ergeben die außerbiblischen Quellen ein Bild, das der biblischen Darstellung diametral entgegengesetzt ist. Nicht Juda war groß und einflussreich, sondern Israel. Nicht die Könige von Jerusalem agierten auf Augenhöhe mit den altorientalischen Herrschern, sondern die Könige von Samaria. Omri sollte bis zu den Hasmonäern im 1. Jahrhundert der einzige König in der Geschichte des antiken Israel sein, dem es gelang, ein Großreich aufzubauen, das von Megiddo im Nordwesten bis in das Ostjordanland reichte. Unter Omri und seinen Nachfolgern waren die Herrscher von Jerusalem vom Norden abhängig. Vermutlich erst unter Ahas (741–736) konnten die Könige Jerusalems selbständig agieren, die zuvor als Könige aus dem «Haus Davids» bekannt waren (Tel-Dan-Stele) und nun erstmals als Könige «von Juda» belegt sind (Inschrift Tiglatpilesers III., 738).

Die Ereignisse des 9. Jahrhunderts zeigen, dass Israel und Juda an Bedeutung gewannen, als die Aramäer ihr Einflussgebiet verloren. Die von Hasael um 830 verursachten Zerstörungen in der Küstenebene, der Schefela und im Süden sowie das politische Machtvakuum ermöglichten einen wirtschaftlichen Aufschwung in Israel und – mit Verzögerung – in Juda. Damit gab es erstmals in der Geschichte des antiken Israel ein eigenständiges Königreich Juda mit einer Hauptstadt Jerusalem, die diesen Namen auch verdiente. Die Unabhängigkeit von Israel und die Politik von König Ahas führten dazu, dass Juda in die Ereignisse, die zum Untergang Israels 722/20 führten, nicht hereingezogen wurde.

Hoschea von Israel entschied sich jedoch für eine andere Strategie. Durch das Aussetzen der Tributzahlungen und die Orientierung nach Ägypten wurden die Assyrer herausgefordert, und es kam zum Angriff auf Samaria. Mit der Eroberung der Stadt im Jahr 722 oder 720 endete das Königreich Israel. Doch das Erbe der Jahwe-Religion und die lokalen Traditionen gingen damit nicht verloren. Vielmehr gab es Kontinuitäten im Norden, an die in der Perserzeit mit der Gründung eines Jahwe-Heiligtums auf dem Berg Garizim wieder angeknüpft werden konnte (S. 85–86) – wenn nicht sogar der Jahwe-Kult auch nach 722/20 in eingeschränktem Maße in Samaria weiterbestand.

Für Juda hatte die Geschichte jedoch erst begonnen. Die knapp 140 Jahre bis zur Eroberung Jerusalems 587/86 sollten zu einer Blütezeit werden, in der sich nicht nur wichtige religionsgeschichtliche Entwicklungen vollzogen, sondern auch verschiedene literarische Werke verfasst wurden. Diese bildeten den Grundstock für die Literaturproduktion der persischen und hellenistischen Zeit.

3. Das Königreich Juda bis zur Eroberung Jerusalems 587/86 v. Chr.

Für die Geschichte Judas von der Eroberung Samarias bis zur Einnahme Jerusalems im Jahr 587/86 liegen zahlreiche außerbiblische Quellen vor. Neben den neuassyrischen Königsinschriften sind dies die babylonische Chronik, ägyptische Inschriften und umfangreiches archäologisches Material. Der Grund hierfür ist die wechselhafte politische Geschichte der südlichen Levante im 7. und 6. Jahrhundert. Auf die Ausdehnung des neuassyrischen Einflussgebietes bis nach Ägypten folgte der Angriff der Neubabylonier im assyrischen Kernland, den wiederum die Pharaonen der 26. Dynastie nutzten, um in die südliche Levante einzudringen. Nach der Eroberung Assurs (614) und Ninives (612) durch den neubabylonischen Herrscher Nabopolassar erhob dessen Nachfolger Nebukadnezar II. Anspruch auf das Gebiet, das früher von den Assyrern und nun ägyptisch kontrolliert wurde. Dies führte zu einem weiteren Herrschaftswechsel auf der syro-palästinischen Landbrücke (605/04).

Bei diesem Wechselspiel der Kräfte sahen die Könige Judas weitgehend zu. Während Hiskia noch versuchte, eine außenpolitisch bedeutsame Rolle zu spielen, stand der in der Bibel hoch gelobte Josia bei den Konflikten in der südlichen Levante völlig am Rande. Allein für Manasse lässt sich eine geschickte Politik gegenüber den Assyrern nachweisen, nur erzählt das Alte Testament davon nichts.

Hiskia und der Ausbau Judas im 8. und 7. Jahrhundert

Die biblische Geschichtsschreibung verbindet mit König Hiskia (725–697) eine Kultreform, Baumaßnahmen in Jerusalem und eine führende Rolle in der antiassyrischen Koalition des Jahres 713 (2. Kön 18–20). Zahlreiche Stempelsiegel und Tonbullen belegen einen sprunghaften Anstieg der Schriftlichkeit und eine umfangreiche Wirtschaftsverwaltung in Juda. Die Siegelabdrücke waren mit einer zwei- oder vierflügeligen Sonnenscheibe und der Inschrift *lmlk* («dem König gehörend») versehen und wurden auf Transport- oder Vorratskrügen angebracht (HTAT 233–236). Mittlerweile sind mehr als 1200 Exemplare aus über fünfzig Orten bekannt. Tonanalysen ergaben, dass die vierhenkeligen Vorratskrüge in der Gegend von Lachisch produziert wurden. Der Ort wurde zu einem militärischen und administrativen Zentrum ausgebaut (Stratum III).

Der Ausbau der judäischen Verwaltung erklärt sich durch die Politik der Assyrer. Juda war ein Vasall Assurs und Teil des von den neuassyrischen Königen kontrollierten Territoriums. Das Anwachsen der Schriftlichkeit in Juda, das durch die althebräischen Inschriften belegt ist, die zahlreichen Stempelsiegel, die auf eine gut organisierte Administration verweisen, und der militärische Ausbau der Städte Judas – all dies wäre ohne die Neuassyrer nicht möglich gewesen. Ihre Wirtschafts- und Verwaltungspolitik wurde zum Motor der kulturellen Entwicklung des Königreiches Juda.

Besondere Bedeutung kommt dem Ort Ramat Rahel *(Ḫirbet Ṣāliḥ)* zu. Der nur gut 4,5 Kilometer südlich von Jerusalem, auf halber Strecke nach Bethlehem gelegene Ort wurde im späten 8. oder frühen 7. Jahrhundert zu einem neuassyrischen Verwaltungszentrum mit administrativen Gebäuden ausgebaut. Ramat Rahel lag weithin sichtbar auf der höchsten Erhebung im südlichen Umland Jerusalems und strategisch gut an den beiden wichtigsten Straßen, die Jerusalem mit dem Umland verbanden. Der Ort war ein wichtiger Umschlagplatz für landwirtschaftliche Erzeugnisse und zugleich das bedeutendste administrative Zentrum im Kernland Judas.

Bedenkt man, dass Ramat Rahel bis über die Perserzeit hinaus bestand, so zeigt sich bereits für die Zeit Hiskias jenes Nebeneinander, das die nächsten gut 350 Jahre bestimmen sollte: auf der einen Seite Jerusalem als der Ort der Jahwe-Verehrung mit einer Schreiberschule am Tempel und auf der anderen Seite Ramat Rahel als zunächst von den Assyrern und dann von den Babyloniern und Persern kontrolliertes Verwaltungszentrum.

Vielleicht führte diese «Aufgabenverteilung» dazu, dass zur Zeit Hiskias die Bedeutung Jerusalems als religiöses Zentrum wuchs. Zwar ist die summarische Notiz über eine Kultreform in 2. Kön 18,4 historisch nicht verwertbar, aber archäologische Befunde deuten auf eine zunehmende Konzentration der Jahwe-Verehrung auf Jerusalem hin (vgl. 2. Kön 18,22). In der Festung Arad im Negeb, etwa 56 Kilometer südwestlich von Jerusalem, wurde der kleine Jahwe-Tempel mit Opferaltar und Kultnische mit Erde abgedeckt und so unbrauchbar gemacht (Stratum VIII). Gleiches ist für *Tel Moẓa* 7 Kilometer nordwestlich von Jerusalem belegt. Dort wurde im 9. Jahrhundert ein Tempel errichtet, der in der syrischen Tempelbautradition stand und auf dessen Altar Tieropfer dargebracht wurden. Im 8. Jahrhundert wurde das Heiligtum aufgegeben, und die Reste des Altars sowie das Kultinventar wurden mit einer dicken Erdschicht bedeckt.

Zu einer Konzentration des Jahwe-Kultes auf Jerusalem passt eine althebräische Grabinschrift aus dem späten 8. oder frühen 7. Jahrhundert, die in der Nähe von Lachisch *(Ḫirbet Bēt Lay)* gefunden wurde: «Jahwe ist der Gott des ganzen Landes, die Berge Judas gehören dem Gott Jerusalems.» (HAE: BLay [7]:1) Die Formulierung verweist auf eine Ausrichtung auf Jahwe als Stadtgott Jerusalems. Die Gleichsetzung der «Berge Judas» mit dem «ganzen Land» könnte auf die politische Situation nach 701 anspielen, als Juda viel Territorium verloren hatte.

Die antiassyrische Koalition von 713 und die Belagerung Jerusalems 701

Der Verlust des Herrschaftsgebietes hängt mit der Außenpolitik König Hiskias (725–697) zusammen. Dieser war zunächst ganz wie sein Vater Ahas ein loyaler Vasall der Assyrer und beteiligte sich beispielsweise nicht am Aufstand des Chanunu von Gaza im Jahr 720 (HTAT 154). Allerdings änderte sich Hiskias Politik einige Jahre später. Als die Assyrer in Kämpfe mit dem Reich von Urartu im Norden verwickelt waren, wurden die kleinen

Stadtstaaten und Königtümer der südlichen Levante erneut aktiv. Jamani, der Stadtfürst von Aschdod, bildete um 713 eine antiassyrische Koalition, die neben den transjordanischen Staaten Moab und Edom sowie dem Philistergebiet und Juda auch erstmals Ägypten umfasste (HTAT 160–163). Mit den Pharaonen der 25. Dynastie hatte Ägypten wieder eine Zentralgewalt, die gewillt war, in der südlichen Levante aktiv zu werden.

Der Grund dafür lag in der Bedeutung des Philistergebietes für den Landhandel, in den Ägypten ab dem 8. Jahrhundert stärker involviert war. Zudem waren die Philister für Ägypten ein wichtiger Puffer gegen die expandierenden Assyrer.

Die antiassyrische Koalition von 713 hatte eine assyrische Strafexpedition zur Folge (HTAT 160–163). Sargon II. eroberte 711 Aschdod und Gath und wandelte das Philistergebiet in eine assyrische Provinz um. Nach dem Thronwechsel von Sargon zu Sanherib (705–681) bildete sich jedoch kurze Zeit später eine neue, deutlich größere antiassyrische Koalition. Sie umfasste nahezu das gesamte Gebiet der südlichen Levante, von den phönizischen Städten im Norden (Byblos, Sidon, Tyrus) über Juda in Zentralpalästina und Philistäa im Süden bis zu den transjordanischen Staaten Ammon, Moab und Edom. Wenn Hiskia tatsächlich der *spiritus rector* der Koalition war (H. Donner), dann wurde hier zum zweiten Mal nach Omri ein Herrscher Israels außenpolitisch auf gleicher Augenhöhe mit den altorientalischen Großkönigen tätig.

Allerdings war dies nur von kurzer Dauer. Als Sanherib (705–681) gegen die Koalition vorging, zerbrach diese schnell, und Hiskia war auf sich allein gestellt. Zahlreiche Städte Judas wurden zerstört, darunter auch Lachisch. Sanherib schloss Hiskia, folgt man den neuassyrischen Königsinschriften, «wie einen Käfigvogel» in Jerusalem ein (HTAT 181, III/27–29). Ob Sanherib die Stadt wirklich belagert hat, ist unklar (W. Mayer), denn ihm ging es nicht um Hiskia, sondern um den Stadtfürsten Padi von Ekron. Dieser war von antiassyrischen Kräften abgesetzt und an Hiskia ausgeliefert worden. Als Sanherib vor den Toren Jerusalems auftauchte, gab Hiskia Padi frei. Die Assyrer zogen ab, und Padi wurde wieder in Ekron als Stadtfürst eingesetzt.

Sanherib erfüllte damit seine Pflicht als assyrischer Herr eines Vasallen, dem er im Tausch gegen Abgaben und Loyalität militärischen Schutz bot. Den Annalen Sanheribs zufolge hat Hiskia hohe Tributzahlungen geleistet. Dies verweist darauf, dass er sich Sanherib unterwarf (HTAT 181, III/37–49). Damit war Hiskia wieder das, was er zu Beginn seiner Herrschaft gewesen war: ein Vasall Assurs, der seine Abgaben zu zahlen und sich aus allen politischen Dingen tunlichst herauszuhalten hatte. Allerdings gab es einen entscheidenden Unterschied: Das Herrschaftsgebiet Judas war erheblich reduziert und die Siedlungsfläche in der Schefela um ein Drittel geschrumpft.

Das Alte Testament stellt das Ende der «Belagerung» Jerusalems durch Sanherib anders da. Dass die Assyrer die Stadt nicht eroberten, sondern wieder abzogen, wurde als wundersame Rettung ausgestaltet und literarisch breit verarbeitet (2. Kön 18,17–19,37; Jes 36,2–37,38). Vielleicht ist in den Ereignissen des Jahres 701 der historische Kern der Zionstheologie mit dem Motiv der «uneinnehmbaren Stadt» zu suchen (O. Keel).

Das Königtum Manasses und die neuassyrische Eroberung Ägyptens (7. Jh.)

Während Hiskia auf eine konfrontative Außenpolitik setzte, kooperierte sein Nachfolger Manasse (696–642) mit den Assyrern. Er war nicht nur mit fünfundfünfzig Jahren der am längsten regierende König der Geschichte Israels und Judas, sondern auch einer der erfolgreichsten. Allerdings erzählt das Alte Testament nichts davon. Das Buch der Könige will in 2. Kön 21,1–18 vielmehr Manasse als Negativfolie für König Josia darstellen (vgl. 2. Kön 23,26; 24,3–4). Was Hiskia in religionspolitischer Hinsicht aufgebaut hatte, wurde – so die Erzählung – von Manasse wieder eingerissen, so dass es eines Josia bedurfte, um das herzustellen, was im 5. Buch Mose, dem Deuteronomium, gefordert wird: einen einheitlichen und «reinen» Staatskult für den Gott Jahwe in Jerusalem.

Viele der neuen Bauten und Entwicklungen, die von der älteren Forschung mit Hiskia verbunden wurden, fallen tatsächlich in die lange Regierungszeit Manasses. Dies beginnt bei der Befestigung Jerusalems mit einer breiten Mauer *(broad wall)* und reicht über die demographische Entwicklung der Stadt bis zum Bau einer neuen Wasserversorgung. Auch wenn letztere vielleicht schon unter Hiskia begonnen wurde (2. Kön 20,20; Jes 22,9), weisen die anderen Maßnahmen in die Mitte des 7. Jahrhunderts und nicht in die Zeit davor.

Von dem monumentalen *broad wall* wurde bislang nur ein kurzes Stück ausgegraben, so dass der Verlauf der 6,40 bis 7,20 Meter breiten Mauer unklar bleibt. Gesichert ist, dass der Bereich zwischen dem Südosthügel mit der Davidstadt und dem Tempelberg, der sogenannte Ofel, nun ausgebaut und durch eine 2 Meter breite Mauer geschützt wurde (vgl. 2. Chr 33,14). Vermutlich ging dies mit einer weiteren Ausdehnung Jerusalems nach Westen einher, so dass die Stadt zunehmend in den Bereich der heutigen Altstadt Jerusalems expandierte *(Karte 3)*. Je nach Flächenannahme und vermuteter Siedlungsdichte lebten zwischen 8000 (H. Geva) und 25 000 Menschen (O. Lipschits) in Jerusalem.

Im Zuge der Baumaßnahmen wurde die Wasserversorgung verändert. Nachdem bereits im 8. Jahrhundert das bronzezeitliche Wasserbecken verfüllt und mit einem Haus überbaut worden war (S. 48), grub man nun einen 533 Meter langen Tunnel von der Gihonquelle bis zu einem Becken am Südwestende der Stadt, der mit einer Inschrift versehen wurde («Siloah-Inschrift», HTAT 180). Zudem entstanden um Jerusalem herum zahlreiche kleinere Gehöfte und Dörfer. Im neuassyrischen Verwaltungszentrum von Ramat Rahel wurde im 7. Jahrhundert eine monumentale Palastanlage von 120 x 90 Metern Fläche errichtet, die bis in die Perserzeit bestand.

In die lange Regierungszeit Manasses fällt auch die Eroberung Ägyptens durch die Assyrer. Die Pharaonen der 25. Dynastie hatten im Grunde genauso agiert wie Hiskia von Juda. Sie waren in einem Gebiet aktiv geworden, das von den Assyrern beansprucht wurde. Bereits an der Schlacht von Eltheke im Jahr 701 hatte ein ägyptisches Truppenkontingent teilgenommen (HTAT 181, III/3–4). Während jedoch die Kuschitenkönige

Schabaka und Schebitku einen offenen Konflikt vermieden, ging Pharao Taharqa (690–664) anders vor. Er intensivierte die Kontakte in das Philistergebiet sowie zu den phönizischen Küstenstädten und schloss offenbar Bündnisse mit einzelnen Städten. So erwähnt der Nachfolger Sanheribs, Asarhaddon (681–669), in seinen Annalen, Baal, der König von Tyrus, habe «auf Taharqa, den König von Kusch, seinen Freund, vertraut, das Joch Assurs, meines Herrn, abgeschüttelt und wiederholt Frechheiten geantwortet.» (TUAT I/4, S. 398)

Die Folge war eine Strafaktion der Assyrer. Asarhaddon ging zunächst gegen Tyrus vor und danach gegen Ägypten. Zwischen 674/73 und 664/63 unternahmen er und sein Nachfolger Assurbanipal (669–630) fünf Feldzüge, die zur Eroberung Thebens im Jahr 664 führten. Das Alte Testament erwähnt die assyrischen Feldzüge gegen Ägypten mit keinem Wort, allerdings findet sich ein literarischer Nachhall der Eroberung Thebens im Buch des Propheten Nahum. Dort wird der Stadt Ninive das gleiche Schicksal angedroht wie Theben (im Text als «Stadt Amuns», *No-Amon,* bezeichnet): Sie wird erobert und die Bevölkerung in die Verbannung geführt (Nah 3,8–10).

In einer Inschrift Assurbanipals aus dem Jahr 667 werden zweiundzwanzig Herrscher genannt, die sich mit Truppenkontingenten am Feldzug gegen Ägypten beteiligten, darunter an zweiter Stelle «Manasse von Juda» (HTAT 191, II/39). Die Angabe ist in dreifacher Hinsicht interessant: (1) Im Gegensatz zu Baal von Tyros, Mitini von Aschdod oder Sil-Bel von Gaza wird Manasse nicht als Stadtkönig (etwa «Manasse von Jerusalem»), sondern als Herrscher über ein Königreich bezeichnet. Er steht damit in einer Reihe mit den Königen von Moab und Edom, die unmittelbar nach ihm genannt werden (HTAT 191, II/40–41). (2) In einer Liste aus der Zeit Asarhaddons werden zweiundzwanzig Herrscher als Lieferanten von Bauholz für das Zeughaus in Ninive genannt, darunter wiederum an zweiter Stelle «Manasse von Juda» (HTAT 188, V/55). Dies verweist auf Handelskontakte. Und schließlich (3) wird man davon ausgehen müssen, dass die Könige und Stadtfürsten Syrien/Palästinas, wie bei Baal von Tyrus explizit belegt (HTAT 189), mit einem Loyalitätseid (*adê*-Vereidigung) auf den assyrischen König verpflichtet wurden. Sie waren Vasallen der neuassyrischen Könige. Das gilt auch für Manasse, der fünfundfünzig Jahre lang regieren konnte, weil er seinen Verpflichtungen als Vasall nachkam.

Der wirtschaftliche Aufschwung Judas im 7. Jahrhundert und der Ausbau Jerusalems erklären sich einerseits aus der engen Anbindung an die Assyrer und andererseits aus der neuen geopolitischen Situation. Durch die Zerstörungen Sanheribs in der Schefela und die Zuordnungen von Teilen des Gebietes an die Stadtkönige von Aschdod, Ekron und Gaza kam es zu einer stärkeren Besiedlung im Gebirge Judas und dem Ausbau einzelner Städte wie Gibeon und Mizpa. Juda konzentrierte sich auf den Süden und Osten, was sich an Baumaßnahmen in einer Reihe von Festungen zeigt (u. a. Arad, *Ḥorvat ʿUzzā*, *Ḥorvat Raddum*, *Tel ʿĪrā* und En Gedi). Zudem wurden die Randzonen am Westufer des Toten Meeres und das Beerscheba-Becken erschlossen. Juda wurde so zu einem wichtigen Getreidelieferanten im neuassyrischen Wirtschaftsraum. Diese Konzentration auf ein Produkt entsprach der Wirtschaftspolitik der Assyrer und zeigt sich auch im Philistergebiet: Ekron spezialisierte sich auf die Olivenölproduktion und Aschkelon auf den Weinbau.

Die Integration Judas in das neuassyrische Wirtschaftsimperium führte zu einem kulturellen Einfluss und der Zunahme aramäisch-assyrischer Symbole in der Bildkunst Judas. Der Mondgott von Haran, die Himmelskönigin und astrale Symbole wie Himmel und Gestirne drangen in das religiöse Symbolsystem ein und beeinflussten vermutlich auch den offiziellen Kult in Jerusalem.

Josia, das ägyptische Intermezzo und die «Kultreform»

Josia (639–609) ist in der Darstellung der Königebücher der bedeutendste König Judas. Er soll eine Kultreform mit religionspolitischen Maßnahmen im ganzen Land durchgeführt haben (vgl. 2. Kön 22–23). Historisch gesehen, fällt die Herrschaft Josias in eine Zeit, in der die Verhältnisse in der südlichen Levante in Bewegung gerieten. Die massive Ausdehnung des neuassyrischen Einflussbereiches bis nach Ägypten wurde von den Babyloniern zu einem Angriff auf das Kerngebiet Assyriens genutzt. Hinzu kamen ein Konflikt der assyrischen Könige mit Elam im Süden und die Auseinandersetzung mit den Skythen im Norden. Damit setzte eine Entwicklung ein, die zur Einnahme der Städte Assur (614) und Ninive (612) durch den neubabylonischen Herrscher Nabopolassar (625–605) führte und unter seinem Nachfolger Nebukadnezar II. (605–562) zur Eroberung Syrien/Palästinas und Jerusalems (598/97 und 587/86).

Im Rahmen dieses Wechselspiels der Kräfte gelang es den ägyptischen Pharaonen, für gut fünfundzwanzig Jahre wieder die Kontrolle über die südliche Levante zu übernehmen. Psammetich I. (664–610) hatte bereits im Jahr der Eroberung Thebens durch Assurbanipal (664) eine neue Dynastie, nach ägyptischer Zählung die 26., gegründet. Dabei nutzte er die Hilfe griechischer Söldner (Herodot, Hist. II,152), die über Handelskontakte ins Land kamen, um sich gegen die anderen, gleichzeitig regierenden Herrscher Ägyptens durchzusetzen.

In den Folgejahren dehnte Psammetich I. seine Herrschaft über ganz Ägypten aus und expandierte in das südliche Syrien/Palästina (HTAT 256). Archäologisches Material, althebräische Inschriften und ägyptische Texte deuten darauf hin, dass Juda vermutlich schon unter Josia in Abhängigkeit von den Ägyptern geriet. Die Archäologie Aschkelons und Ekrons lässt erkennen, dass die Ägypter das Verwaltungssystem der Assyrer übernahmen. Hinzu kamen Beamte, die als Emissäre zwischen Ägypten und dem südlichen Syrien/Palästina agierten (Statue des Pediese, HTAT 104). In der Küstenebene wurde mit *Meṣad Ḫăšavjāhū* eine Festung errichtet, für die unter anderem auch Judäer in der Landwirtschaft arbeiten mussten (HTAT 225).

Dem archäologischen Befund zufolge brachte Psammetich I. das Philistergebiet und die Küstenebene mithilfe griechischer Söldner unter seine Kontrolle. Griechische Importware in Aschkelon, Ekron, Timna, el-Kabri, *Meṣad Ḫăšavjāhū* und im phönizischen Dor, darunter auch Alltagsgeschirr, bezeugt den griechischen Einfluss. Eine Notiz in althebräischen Briefen aus Arad lässt vermuten, dass die Negebfestungen am Ende des 7. Jahrhunderts von griechischen Soldaten im Dienst Ägyptens kontrolliert wurden (HAE Arad[6]1.2.4.7.8.10.11.14).

Die Ägypter waren wie schon die Assyrer an der Kontrolle des Handels interessiert. Dies zeigt sich an der Verwendung der hieratischen Schrift, einer mit den Hieroglyphen verwandten Schreibschrift, und einem ägyptischen Einfluss in der materiellen Kultur (Neujahrsflaschen, Siegelamulette). Ein Papyrus aus dem Jahr 604 gibt einen Einblick in die Organisationsform. In dem Brief wendet sich der Stadtkönig von Ekron mit einem Hilfegesuch an den ägyptischen Pharao. Er stellt sich als loyaler «Diener» vor und bittet den Pharao, angesichts der heranrückenden Babylonier ein Heer zu entsenden (HTAT 260). Offenbar übernahmen die Ägypter nicht nur das assyrische Verwaltungssystem, sondern auch die Praxis, mit den Vasallen Verträge abzuschließen. Dabei galt nach wie vor, was sich bereits bei den Ereignissen um Padi von Ekron zeigte (S. 58): Der Vasall musste seinem Herrn Abgaben zahlen und erhielt im Gegenzug militärischen Schutz.

Das Königreich Juda spielte unter Josia keinerlei Rolle bei den machtpolitischen Auseinandersetzungen der Jahre 625 bis 601. Einer kurzen Notiz in 2. Kön 23,29–30 zufolge wurde Josia im Jahr 609 bei Megiddo von Necho II. getötet. Einige Forscher haben daraus in Anlehnung an 2. Chr 35,20–25 eine militärische Auseinandersetzung zwischen Juda und Ägypten gemacht, bis hin zu einer großen Schlacht in der Jesreelebene. Vermutlich wird es aber schlicht so gewesen sein, dass der Vasall Josia dem neuen Pharao – Necho kam 610 an die Macht – seine Aufwartung machen musste, vielleicht um einen Loyalitätseid zu leisten.

Wie aber muss man sich dann die Regierungszeit Josias vorstellen? Anders als es die Bibel und mit ihr die ältere alttestamentliche Wissenschaft gesehen haben, hatte das Königtum Josias nur lokale Bedeutung. Vielleicht kam es zu seiner Zeit zu einer geringfügigen Expansion nach Norden, so dass nun auch das ehemalige Nordreichheiligtum Bethel zu Juda gehörte. Sollte auch Jericho dem Herrschaftsgebiet zugeschlagen werden können, hätte Josia ein Territorium kontrolliert, das in etwa der späteren perserzeitlichen Provinz Jehud entsprach.

Damit stellt sich die Frage nach dem historischen Kern der «Reform des Josia». Wenn es bereits im ausgehenden 8. Jahrhundert zu einer Ausrichtung des Jahwe-Kults auf Jerusalem kam und andere Jahwe-Heiligtümer aufgegeben wurden (Arad, *Tel Moẓa*, S. 57), reduziert sich die in 2. Kön 22–23 breit dargestellte Kultreform auf Maßnahmen in Jerusalem. Es ging offenbar um eine Kultreinigung am Jahwe-Tempel, bei der Elemente der aramäisch-assyrischen Astralreligion wie Pferde und Sonnenwagen sowie deren Divinationspraktiken entfernt wurden (Šamaš-Kult). Damit setzte Josia innenpolitisch um, was außenpolitisch seit Psammetich I. galt. Die Assyrer waren nicht mehr die Bezugsgröße, sondern Ägypten, nur dass die Pharaonen anders als die Assyrer keinerlei Interesse am judäischen Kernland hatten. Daher war die Reform des Josia genauso wenig antiassyrisch motiviert wie proägyptisch. Vielmehr wurde eine bereits unter Hiskia begonnene Entwicklung fortgeführt, die im Gegenüber zum Verwaltungszentrum Ramat Rahel gesehen werden muss. Jerusalem war kein politisch-wirtschaftliches, sondern ein religiöses Zentrum, in dem zunehmend Kräfte die Oberhand gewannen, die für einen Jahwe-Kult ohne Praktiken, Symbole oder Gottheiten anderer Religionen standen. Dem entspricht im Bildprogramm der lokalen Siegelamulette eine neue «Orthodoxie» mit konsequenter Ausrichtung auf Jahwe (O. Keel).

Die Einführung einer Alleinverehrung Jahwes im Jerusalemer Tempel war für die Religionsgeschichte Israels ein wichtiger Schritt zur Ausbildung eines expliziten Glaubens an einen Gott unter Ausschluss anderer Götter (Monotheismus). Hier zeigen sich exemplarisch die Auswirkungen der politischen Verhältnisse auf die religiöse Entwicklung Israels. Die Politik der Assyrer mit der Kontrolle der bedeutenden Städte Judas und dem Verwaltungszentrum Ramat Rahel vor den Toren der Stadt führte in religionspolitischer Hinsicht zu einer Konzentration auf Jerusalem als Ort der Jahwe-Verehrung. Dass die Stadt deutlich kleiner war als andere Städte der Zeit, etwa Aschkelon an der Küste oder Ekron in der Schefela, spielte dabei keine Rolle, denn die Bedeutung Jerusalems lag nicht auf politisch-wirtschaftlicher Ebene, sondern auf religiöser: Die Stadt verfügte über einen Tempel und eine Schreiberelite, die im 7. Jahrhundert mit der Abfassung von Literatur begann, die in überarbeiteter Form auch heute noch im Alten Testament zu finden ist.

Nebukadnezar II. und die Eroberungen Jerusalems (598/97 und 587/86)

Vom Tod Josias im Jahr 609 bis zur Eroberung Jerusalems 587/86 überschlugen sich die Ereignisse geradezu. Nachdem Pharao Necho II. nach der Tötung Josias in Megiddo zunächst weiter nach Norden gezogen war, um die Assyrer in ihrem Kampf gegen die Neubabylonier zu unterstützen, machte der judäische Landadel Joahas, den jüngeren Sohn des Josia, zum König (in Jer 22,11 Schallum genannt). Dieser wurde jedoch drei Monate später in das Heerlager Nechos II. in Ribla am Orontes einbestellt, als König abgesetzt und nach Ägypten deportiert (2. Kön 23,33–34). Necho II. ernannte nun den von den Judäern übergangenen älteren Sohn Josias, Eljakim, zum König und änderte seinen Namen in Jojakim (608–598). Allein die Tatsache, dass die judäische Thronfolge in einem ägyptischen Feldlager in Syrien, gut 500 Kilometer nördlich von Jerusalem, geregelt wurde, zeigt, dass Necho II. das Königreich Juda als politisches Leichtgewicht betrachtete. Wer dort regierte, war letztlich unwichtig, solange der Stadtkönig proägyptisch eingestellt war und seine Abgaben zahlte. 2. Kön 23,33.35 zufolge legte Necho dem neuen König Jojakim hohen Tribut auf, bevor dieser wieder nach Jerusalem reisen durfte.

Im Jahr 605 besiegte der babylonische Kronprinz Nebukadnezar das ägyptische Heer bei Karkemisch am Euphrat. Mit der Thronbesteigung nach dem Tod seines Vaters Nabopolassar brachte Nebukadnezar II. in der Folge das Land Hamat (Nordsyrien) und Syrien/Palästina unter Kontrolle. Jojakim von Juda wurde wie die anderen lokalen Herrscher zum babylonischen

Vasall (604). Damit gab es nach den Neuassyrern und den Ägyptern innerhalb von drei Jahrzehnten die dritte Hegemonialmacht in der südlichen Levante. Wiederum wurde das Verwaltungssystem nicht verändert, sondern nur dessen Leitungsebene ausgetauscht. Die Neubabylonier hatten wie zuvor schon die Ägypter nicht die Zeit, eine neue Administration für die kontrollierten Gebiete einzurichten; es wurde einfach das gut funktionierende System der Assyrer weitergenutzt.

Der rasche Wechsel der Hegemonialmächte und die von Necho II. herbeigeführte Veränderung auf dem Jerusalemer Thron führten zur Politisierung Jerusalems. Wenn man den Angaben des Buches Jeremia folgen darf, gab es am Übergang vom 7. zum 6. Jahrhundert in Jerusalem eine proägyptische und eine probabylonische Partei (Jer 38). Als sich die Neubabylonier bei einer Entscheidungsschlacht an der ägyptischen Grenze im Jahr 601/600 nicht gegen die Ägypter durchsetzen konnten, stellte Jojakim die Tributzahlungen ein. Zwar konnten die Ägypter in der Folge Gaza erobern, Syrien/Palästina blieb jedoch in neubabylonischer Hand.

Die Strafaktion Nebukadnezars II. gegen Jerusalem erfolgte mit Verzögerung, aber dafür umso härter. Der babylonischen Chronik zufolge ging er in seinem siebten Jahr (598/97) gegen Jerusalem vor (HTAT 258). Da Jojakim starb (2. Kön 24,6), war es sein Sohn Jojachin, der die Kapitulation aussprach und so die Zerstörung Jerusalems verhinderte. Jojachin wurde nach Babylon ins Exil gebracht, wo er babylonischen Archivnotizen zufolge als politischer Gefangener am Königshof lebte (HTAT 265–267).

Die babylonische Chronik gibt an, dass Nebukadnezar «einen König nach seinem Herzen» einsetzte und «schwere Abgaben» mit nach Babylon nahm (HTAT 258 [11'], Z. 13). Zur Kriegsbeute gehörten Tempelgeräte (2. Kön 24,13; vgl. Jer 27,18–22) und ein Teil der Jerusalemer Elite, darunter Mitglieder der königlichen Familie.

Mit Mattanja wurde ein weiterer Sohn Josias zum König in Jerusalem gemacht. Unter dem Namen Zedekia (597/96–587/86) agierte er zunächst als babylonischer Vasall, bis 594/93

Nebukadnezar aufgrund einer Rebellion in Babylon geschwächt erschien. Etwa gleichzeitig intensivierte der ägyptische Pharao Psammetich II. (595–589) seine Kontakte in die südliche Levante und führte nach einem Feldzug gegen Nubien 591 eine Machtdemonstration im Philistergebiet durch (HTAT 257). Zedekia wähnte sich durch die Ägypter, besonders Pharao Apries (589–570), unterstützt (Jer 44,30) und stellte die Tributzahlungen an Babylon erneut ein. In den Lachisch-Ostraka wird erwähnt, dass «der Oberbefehlshaber des Heeres, Konyahu, der Sohn des Elnatan» hinabgestiegen ist, «um nach Ägypten zu gehen» (HTAT 262). Ganz gleich, ob es sich um ein offizielles Hilfegesuch handelte oder der rangoberste Militär sich angesichts der aussichtslosen Lage absetzen wollte – weder Apries noch sein Vorgänger Psammetich II. hatten ein Interesse an Juda. Sie konzentrierten ihre Aktivitäten auf die Handelsstädte der Küstenebene (vgl. Jer 37,5.7; 44,30 sowie Herodot, Hist. II,161).

Es folgte eine weitere Strafaktion Nebukadnezars II. gegen Jerusalem, an der sich der König selbst jedoch nicht beteiligte. Er blieb, wie seinerzeit Necho II., in Ribla am Orontes und schickte seinen General Nebusaradan. Dieser belagerte 588 Jerusalem und eroberte die Stadt 587. Zedekia versuchte zu fliehen, wurde jedoch bei Jericho gefasst und zu Nebukadnezar nach Ribla gebracht. Dort musste er die Ermordung seiner Söhne mitansehen, wurde geblendet und nach Babylon in die Verbannung geführt (2. Kön 25,7; Jer 52,11).

Vermutlich erst danach befahl Nebukadnezar II., die Stadt zu zerstören. Ob dies auch den Tempel betraf, ist unklar. Die Zerstörung eines Heiligtums entsprach nicht der üblichen babylonischen Kriegspraxis, ist aber in Quellen aus älterer Zeit (8. Jh.) belegt. Allerdings erwähnt Jer 39,8 die Tempelzerstörung nicht. Wenn überhaupt, muss man von einer Teilzerstörung ausgehen, denn den Büchern Jeremia (41,5) und Sacharja (7,3) zufolge gab es auch nach 587/86 einen Tempelkult in Jerusalem.

Archäologen haben Spuren der Zerstörung sowohl am Südosthügel (Haus des Ahiel, «Burned House», «House of Bullae») als auch an der Nordmauer Jerusalems gefunden. Entgegen der

Auffassung der älteren Forschung wird man nicht mehr von einer umfassenden Zerstörung in Juda ausgehen können. Die Maßnahmen Nebukadnezars galten primär Jerusalem und einigen Städten im Südwesten, etwa Lachisch und vielleicht auch Aseka/*Tell Zakarīye* (vgl. Jer 34,7). Der Norden mit der Region Benjamin blieb nahezu unversehrt (Mizpa). Im Süden wurden zwar im 6. Jahrhundert einige Negebfestungen zerstört (u. a. Arad IV; *Ḥorvat ʿUzzā*, *Ḥorvat Raddum*, *Tel ʿĪrā*, *Tell el Milḥ*), allerdings lässt sich dies weder den Ereignissen von 587/86 zuordnen noch den Neubabyloniern. Vermutlich nutzten die Edomiter die Situation, um den Handelsweg in die Araba unter ihre Kontrolle zu bringen, sofern sie nicht sogar mit den Neubabyloniern bei der Einnahme Jerusalems kooperierten. Wenn man einen historischen Grund für das negative Bild Edoms im Alten Testament sucht, dann könnte dieser hier liegen (vgl. Jer 49,20–22; Joel 4,19; Obd 1–2.8; Ps 137,7; Klgl 4,21–22).

Mit Gedalja wurde ein babylonischer Verwaltungsbeamter eingesetzt, der in Mizpa/*Tell en-Naṣbe* residierte, das in unzerstörtem Gebiet gut 12 Kilometer nördlich von Jerusalem lag. Die Stadt war bis Mitte des 5. Jahrhunderts ein wichtiges Verwaltungszentrum. Auf die Ermordung Gedaljas durch antibabylonische Kräfte folgte eine weitere Deportation im Jahr 582 (Jer 52,30).

Wie viele Menschen letztlich durch die Babylonier deportiert wurden, ist unklar. Von den verschiedenen Angaben im Alten Testament, angefangen von den «oberen Zehntausend» (2. Kön 24,14.16) bis hin zur Wegführung *aller* (2. Kön 25,11–12) und dem Mythos vom «leeren Land», erwähnt Jer 52,28–30 konkret wirkende Zahlen: 3023 Judäer im Jahr 598/97; 832 im Jahr 587/86 und 745 Menschen im Jahr 582. Ganz gleich, wie wörtlich man die Zahlen nehmen will, sie könnten einen Hinweis darauf geben, dass die Eroberung von 598/97 schwerwiegender war als die von 587/86.

Zusammenfassung

Mit den Ereignissen von 587/86 ist eine wichtige Zäsur der Geschichte des antiken Israel erreicht. Nachdem das Königreich Israel bereits 722/20 seine Eigenständigkeit verloren hatte, endete nun die des Königreiches Juda. Streng genommen gab es nur unter Omri im 9. Jahrhundert eine kurze Phase politischer Unabhängigkeit, auf die eine lange Phase der formellen Abhängigkeit von den Assyrern folgte. Die Entwicklung der beiden Königreiche muss im Kontext der neuassyrischen Westexpansion gesehen werden, die sich als Motor einer kulturellen Entwicklung erwies, die zunächst Israel erfasste und mit einer Verzögerung von dreißig bis fünfzig Jahren auch Juda. Die Könige Jerusalems waren seit Ahas (738) Vasallen der Neuassyrer und nur dann erfolgreich, wenn sie diesen Vasallenstatus akzeptierten. Was Manasse in seiner langen Regierungszeit von fünfundfünfzig Jahren mit Erfolg umsetzte, stellt sich bei seinem Vorgänger Hiskia gänzlich anders dar. Auch wenn die alttestamentliche Geschichtsschreibung Hiskia als bedeutenden König feiert (vgl. 2. Kön 18–20; 2. Chr 29–32), war seine Außenpolitik verfehlt. Er vertraute auf die Hilfe Ägyptens und wurde Teil einer antiassyrischen Koalition, die so schnell zerfiel, wie sie entstanden war. In der Folge kam es zu Maßnahmen der Assyrer gegen Jerusalem, so dass Hiskia einlenken und den von ihm gefangen gesetzten Stadtkönig von Ekron, Padi, ausliefern musste. Der neuassyrische König Sanherib gab sich mit Tributzahlungen zufrieden, was einiges über die geringe Bedeutung Jerusalems in jener Zeit sagt.

Letztlich bewegten sich die Könige Judas im Schatten der politischen Ereignisse der altorientalischen Welt. Manasse zahlte Abgaben, stellte Söldner für die Ägyptenfeldzüge der Assyrer zur Verfügung und konzentrierte sich ansonsten auf den inneren Ausbau Judas. Josia vollendete mit seiner «Kultreform» auf religiöser Ebene, was Manasse mit zahlreichen Baumaßnahmen innerhalb und außerhalb Jerusalems auf politisch-gesellschaftlicher Ebene begonnen hatte und was sich im Kern bereits bei Hiskia zeigt: die Ausrichtung auf Jerusalem als religiöses Zentrum Judas. Vielleicht muss man die religiöse Bedeutung Jerusalems als Ort der judäischen Schreiberkultur sogar darin begründet sehen, dass die Neuassyrer die Stadt nie als Verwaltungszentrum genutzt haben. Dieses war Ramat Rahel, von wo aus die unter Manasse ausgebaute Getreideproduktion im Beerscheba-Becken und südlichen Juda kontrolliert wurde. So konnte Jerusalem im Schatten der politischen Ereignisse als religiöses Zentrum Judas an Bedeutung gewinnen.

Während Manasse als Vasall der Assyrer klug agierte, war die Außenpolitik seiner Nachfolger erfolglos. Josia wurde von den Ägyptern in Megiddo getötet, Joahas – ebenfalls von den Ägyptern – nach drei Monaten abgesetzt und Jojachin und Zedekia wurden von den Neubabyloniern besiegt. Die erhoffte Hilfe Ägyptens blieb aus, so dass Jerusalem auf sich allein gestellt war. Am Ende dieser Entwicklung stehen die beiden Eroberungen der Stadt, von denen die erste im Jahr 598/97 offenbar eine größere Deportation nach sich zog als die zweite. Die Eroberung von 587/86 mit der teilweisen Zerstörung des Tempels ist jedoch als der eigentliche Wendepunkt in die biblische Geschichtsschreibung eingegangen: vom Königtum zum Exil und von dort zur Rückkehr der Exilierten und zum Wiederaufbau des Tempels.

4. Die Perserzeit (550–333 v. Chr.)

In der Perserzeit bildeten sich unterschiedliche Gestalten der Jahwe-Religion heraus, aus denen wichtige Merkmale des antiken Judentums hervorgegangen sind. Mit den babylonischen Exulanten, den in Jerusalem und Umgebung Verbliebenen, der neuen Jahwe-Gemeinschaft im ägyptischen Elephantine und dem Jahwe-Heiligtum auf dem Boden des ehemaligen Königreiches Israel (Garizim) entstanden verschiedene Formen der Jahwe-Religion mit je eigenen Identitätskonzepten. Dabei darf man sich weder das Babylonische Exil als Ort der Tränen und tiefen Sehnsucht nach Jerusalem vorstellen noch die Situation in Elephantine so, als ob dort eine Art synkretistischer Jahwe-Glaube gepflegt wurde, der mit der Situation in Juda und Jerusalem nichts zu tun hatte. Das Gegenteil ist der Fall.

Mit der Erkenntnis, dass die Darstellung der Bücher Esra und Nehemia zur nachexilischen Zeit stark theologisch geprägt ist und die Priester von Elephantine schriftlichen Kontakt zum Hohenpriester von Jerusalem hatten, ergeben sich neue Ansatzpunkte für die Rekonstruktion der Geschichte des antiken Israel vom späten 6. bis zum 4. Jahrhundert.

Das Babylonische Exil

Der bekannte Vers aus Psalm 137 «An den Wasserflüssen Babylons da saßen wir und weinten» hat das Bild des Babylonischen Exils über Jahrhunderte geprägt. Man stellte sich das Volk Israel in Ketten vor, unter der Ausbeutung durch die Babylonier klagend und voller Sehnsucht nach der heiligen Stadt Jerusalem. Allerdings stimmt von dem Vers nur die erste Hälfte: Es gab Exulantensiedlungen an Flüssen in Babylonien. Die Klage hingegen dürfte sich in Grenzen gehalten haben. Denn den Exulanten ging es gut. Sie wohnten in eigenen Siedlungen, konnten Handel treiben, und einige von ihnen hatten vermutlich sogar Sklaven.

Die Diskrepanz zwischen dem biblischen Bild und der Realität hat zwei Gründe. Psalm 137 muss im Kontext eines Geschichtsbildes gesehen werden, mit dem ein Jerusalemer Schreiber der Perserzeit eine bestimmte Sicht auf das Babylonische Exil etablieren wollte. Dies geschah, um den Boden zu bereiten für eine theologische Position, der zufolge allein die Jerusalemer Form der Jahwe-Religion die legitime ist. Zum Zweiten muss beachtet werden, dass das Alte Testament über das Exil so gut wie keine Informationen bietet. Die Exilszeit ist in der alttestamentlichen Literatur eine «Geschichtslücke» (R. Albertz). Es findet sich lediglich die Angabe, wie es zum Exil kam (2. Kön 24–25; Jer 39; 2 Chr. 36) und wie es endete (Esr 1–2; vgl. 2. Chr 36). Hinzu kommen Angaben zu Einzelereignissen, etwa zum Scheitern der Herrschaft Gedaljas und dessen Folgen (2. Kön

25,22–26; vgl. Jer 40–43,7) sowie zur Begnadigung Jojachins im siebenunddreißigsten Jahr seiner Exilierung (562).

Jojachin lebte als politischer Gefangener unter Beibehaltung seines königlichen Titels am babylonischen Königshof. Tontafeln aus dem Palast Nebukadnezars II. bezeugen für das Jahr 592 Öllieferungen an Jojachin, «den König von Juda», und seine Söhne (HTAT 266). Der ehemalige judäische König erhielt das Zwanzigfache der normalen Ration. Wenn man 2. Kön 25,22–26 folgen darf, änderte sich sein Status unter dem babylonischen König Amel Marduk (562–560). Jojachin wurde begnadigt, ohne dass sein weiteres Schicksal bekannt wäre. Wahrscheinlich blieb er einfach in Babylonien.

Während die judäische Königsfamilie und zahlreiche Kunsthandwerker mindestens bis Mitte des 6. Jahrhunderts am Königshof in Babel lebten (HTAT 265 und 267), wurden die übrigen Exulanten aus Jerusalem in Städten und auf dem Land angesiedelt. Das Alte Testament erwähnt unter anderem Tel Abib am Fluss Kebar bei Nippur (Ez 3,15; vgl. auch Ez 2,29; Neh 7,61). Nimmt man die «Stadt der Judäer» *(Āl-Yāḫūdāya)* nahe Nippur hinzu, die erstmals 572 belegt ist (DJE 1) und ab 498 «Stadt Judas» *(Āl-Yāḫūdu)* hieß, dann wird deutlich, dass sich die Exulanten in ihrer neuen Umgebung dauerhaft einrichteten. Wer in der «Stadt Judas» leben wollte, musste dafür nicht in das Gebiet des ehemaligen Königreiches Juda zurückkehren. Darum wird *Āl-Yāḫūdu* von manchen Forschern auch als das «Jerusalem von Babylonien» bezeichnet (A. Lemaire).

Babylonischen Urkunden aus dem späten 6. und frühen 5. Jahrhundert zufolge waren die Exulanten weder Kriegsgefangene noch Sklaven. Sie unterschieden sich auch nicht in ihrem sozialen Status von anderen Exulantengruppen. Neben dem seit 1893 bekannten *Muraššû*-Archiv bei Nippur mit über siebenhundert Tontafeln sind rund zweihundert Texte aus *Āl-Yāḫūdu* und *Bīt Našar* (bei Sippar) östlich von Babylon aufschlussreich, die erst kürzlich publiziert worden sind (L. Pearce / C. Wunsch). Während Erstere in die zweite Hälfte der Perserzeit fallen (ca. 455–403), datieren Letztere in den Zeitraum von 572 bis 477.

Die Texte geben Einblick in die Siedlungsform der Menschen, ihre rechtliche Stellung und ihre Religion (vgl. HTAT 274–281). Die Bewohner der verschiedenen Siedlungen, darunter auch eine südöstlich von Babel gelegene «Stadt vom Haus Abra[ha]ms» *(Bīt-Abīrâm)*, lebten in Sozialverbänden, die als Solidargemeinschaft organisiert waren (sogenannte «Vaterhäuser»). Bis zu vier Exilsgenerationen der jeweiligen Sippen können aus den neubabylonischen Urkunden rekonstruiert werden.

Die Babylonier wiesen den Exulanten Land aus dem königlichen Krongut zur Bewirtschaftung zu («land for service»). Die in den Texten erwähnten «judäischen Felder» (DJE 24+25) wurden mit Kanälen zur Bewässerung versehen und in Erbpacht an die nächste Generation weitergegeben (HTAT 276–278). Die Verwaltung der Parzellen und die Bewirtschaftung oblag einzelnen Judäern. Die Texte erwähnen unter anderem einen Ahiqam aus *Āl-Yāḫūdu* und einen Verwalter namens Ahiqar, der in der «Stadt des Nashar» *(Ālu-ša-Našar)* tätig war und Geschäftsbeziehungen nach Babylon unterhielt (DJE 44+45). Einzelne Judäer stiegen bis zum Beamten auf. Eine Urkunde aus dem Jahr 532 erwähnt einen Judäer namens *Abdi-Yāḫû* (= alttestamentlich Obadja «Diener Jahwes»), der das Amt eines Steuereintreibers innehatte (HTAT 274).

Andere Judäer mussten innerhalb des «land-for-service»-Systems Frondienst leisten und lebten in einer gewissen Abhängigkeit *(šušānu)*. Das biblische Bild von Gefangenen oder Sklaven (Ps 137,3; Ez 34,27; Bar 4,32) lässt sich jedoch in keinem Fall belegen. Dafür bestätigt sich die Lokalisierung der babylonischen Exulanten im Buch des Propheten Ezechiel (Ez 1,1.3; 3,15). Die *Āl-Yāḫūdu*-Texte könnten den geographischen und ökonomischen Hintergrund für die Prophetie des Ezechiel bilden, der der biblischen Darstellung zufolge 598/97 nach Babylon deportiert wurde.

Wiederum andere Judäer wurden als Händler vollständig in das babylonische Wirtschaftssystem integriert und bereisten dafür die altorientalische Welt bis nach Persien und vermutlich auch ins vormalige Juda.

Das Archiv des Bank- und Handelshauses *Muraššû* (455–

403) belegt sowohl die Kontinuität seit dem späten 6. und frühen 5. Jahrhundert als auch die breite Integration der Judäer in die babylonische Gesellschaft. Nimmt man die Urkunden und Tontafeln aus dem 5. und 4. Jahrhundert hinzu, so besteht kein Zweifel daran, dass ein Großteil der 598/97, 587/86 und 582 deportierten Judäer in Babylonien blieb – und das über Generationen hinweg. Babylonische Namenslisten aus dem 4. und 3. Jahrhundert enthalten zahlreiche Namen, die mit dem theophoren Element «jah» gebildet wurden. Dabei handelt es sich um eine Kurzform des alttestamentlichen Gottesnamens Jahwe. Sie findet sich etwa im Aufruf «Hallelujah» («Lobt Jahwe») in den Psalmen. Darum kann ein mit «jah» gebildeter Personenname Bekenntnischarakter haben; der Träger weist sich als Verehrer des Gottes Jahwe aus.

Bereits die Texte aus *Āl-Yāḫūdu* wie auch das jüngere Quellenmaterial belegen ein Nebeneinander von Namen mit Bezug auf Jahwe und babylonischen Personennamen. So trägt etwa ein Mann einen babylonischen und einen judäischen Namen: Der Name *Bēl-šar-uṣur* (DJE 2) verweist auf den Hauptgott Babylons, Bel-Marduk, während *Yāḫû-šar-uṣur* (DJE 4) auf den Gott Jahwe verweist. Ein anderer Text (DJE 77) erwähnt zwei Brüder, von denen der eine nach dem babylonischen Gott Nabu heißt und der andere nach Jahwe. Hinzu kommen Namensbildungen mit Bezügen auf westsemitische Gottheiten, darunter Amurru und Bethel, sowie ägyptische, iranische und arabische Namen.

So spricht nichts dafür, dass sich die Exulanten aus Juda von ihrem babylonischen Umfeld abgegrenzt hätten. Vielmehr waren sie Teil einer multikulturellen Gemeinschaft, schlossen Heirats- und Erbverträge und heirateten Angehörige anderer Ethnien (Exogamie). Ein Ehevertrag aus *Āl-Yāḫūdu* folgt dem babylonischen Formular, in dem die Götter Marduk, Zarpanitu und Nabu erwähnt werden. Das Aufgreifen lokaler Rechtspraxis und die Exogamie lassen sich auch für die judäische Diaspora in Ägypten nachweisen.

So ist festzuhalten: Die Exulanten waren wirtschaftlich und sozial gut integriert, standen in regem Kontakt mit ihren Nachbarn und lebten in Babylon über mehrere Generationen hinweg. Ein biblischer Bezugspunkt hierfür findet sich im «Brief an die Verbannten» in Jeremia 29: «(5) Baut Häuser, und wohnt darin, pflanzt Gärten, und esst ihre Früchte! (6) Nehmt euch Frauen, und zeugt Söhne und Töchter, nehmt für eure Söhne Frauen, und gebt eure Töchter Männern, damit sie Söhne und Töchter gebären. (7a) Und suchet das Wohl der Stadt (...) und betet für sie zu Jahwe.»

Daher ist es kaum erstaunlich, dass vermutlich nur eine kleine Gruppe von Exulanten nach Juda zurückkehrte. Selbst wenn die Rückkehrerliste in Esra 2 einen historischen Kern haben sollte, ist die dort genannte Zahl von 42 360 Rückkehrern völlig unrealistisch. Die Provinz Jehud hatte in der frühen Perserzeit vermutlich nur 12 000 Einwohner (I. Finkelstein), maximal 30 000 (O. Lipschits). Schon der archäologische Befund schließt eine massenhafte Rückkehr aus. Weder in Jerusalem noch in Jehud lässt sich in der Perserzeit ein sprunghafter Anstieg der Zahl der Siedlungen nachweisen. Realistischer darf man vielleicht von rund 4000 Personen ausgehen, die über mehrere Jahrzehnte hinweg wieder ins Land einwanderten.

Zu diesen Rückkehrern gehörte auch eine Elite aus Schreibern und Handwerkern. Womöglich waren es die Spezialisten, die zusammen mit der königlichen Familie am babylonischen Königshof gelebt hatten, vielleicht stammten sie aber auch aus den Exulantensiedlungen außerhalb Babels. In jedem Fall liegt die Vermutung nahe, dass es sich um konservative Kreise handelte, die in Babylonien nie heimisch geworden waren. Denn so viel steht fest: Die Gruppe der Rückkehrer bestimmte die biblische Literatur der Zeit des Zweiten Tempels entscheidend: Was sich in den Büchern Esra und Nehemia findet, ist ein Konzept religiöser Identität, das klar auf Abgrenzung setzt, und dem andere Formen eines antiken Judentums gegenübergestellt werden können. Nur dass das Alte Testament so gut wie nichts von diesen berichtet.

Die Politik der Perser von 539 bis 333

Die unterschiedlichen Gestalten der Jahwe-Religion im 5. und 4. Jahrhundert und die Rückkehr einer Gruppe von Exulanten wären ohne eine neue politische Großwetterlage nicht möglich gewesen. Unter den persischen Großkönigen, beginnend mit Kyros II., entstand ab 550 ein Großreich, das diesen Namen auch wirklich verdient. Das von Kambyses und Dareios I. geschaffene Staatengebilde reichte im Westen bis in die Ägäis und zur Südgrenze Ägyptens und umfasste im Osten das gesamte Zweistromland sowie das iranische Hochland bis zum Indus.

Kyros II. löste sich 550 von den Medern und dehnte 547/46 sein Herrschaftsgebiet über Elam bis nach Kleinasien aus. Sein Einzug in Babylon im Jahr 539 gilt gemeinhin als der Beginn der Perserzeit. Bei dieser Eroberung unterstützten ihn die Priester des babylonischen Gottes Marduk. In einem berühmten Erlass, niedergelegt auf dem Kyros-Zylinder (HTAT 273), feierte er die Einnahme Babylons und stellte sich selbst als loyalen Verehrer Marduks dar. Mit Blick auf diesen königsideologischen Text und erstaunlich ähnliche Aussagen im Jesajabuch (Jes 44,28; 45,1–7) meinte die alttestamentliche Forschung lange, dass die persischen Großkönige aus einer Haltung der Toleranz heraus die lokalen Heiligtümer förderten. Die Religionspolitik der Perser diente jedoch machtpolitischen und wirtschaftlichen Interessen – und dies beinhaltete nicht nur die Unterstützung lokaler Kulte, sondern auch deren Eindämmung bis hin zur Zerstörung von Tempeln, wie sie in Didyma und Athen bezeugt ist.

Mit der Eroberung Babylons und dem Sieg über den neubabylonischen König Nabonid im Jahr 539 war der Weg für weitere Eroberungen geebnet. Auch wenn Kyros II. bereits 530 bei einem Feldzug gegen die Massageten im Osten des Reiches starb, machten seine Nachfolger Persien zur Weltmacht. Kambyses (530–522) eroberte Ägypten, und Dareios I. (522–486) und Xerxes I. (486–465) organisierten das Reich konsequent von oben nach unten. Dabei sind die genauen Umstände der Thronwechsel unklar.

Kurz nachdem sich Kambyses in Ägypten zum Pharao hatte

ausrufen lassen (525, 27. Dynastie), kam es in Persepolis zu Aufständen unter Leitung eines gewissen Gaumata, der sich als rechtmäßiger Thronanwärter ausgab. Kambyses starb unter ungeklärten Umständen auf dem Rückweg von Ägypten, und der mittlerweile als König amtierende Gaumata wurde von persischen Stammesadeligen getötet. Aus den Wirren ging Dareios I. (522–486) als König hervor.

Eine dreisprachige Monumentalinschrift in Behistun, an der alten Heerstraße von Mesopotamien nach Innerasien gelegen, erzählt in elamischer, babylonischer und altpersischer Sprache von der Machtergreifung Dareios' I. und den Thronwirren (TUAT I/ 421–449). Der Machtanspruch und die religiöse Legitimation des Königs werden begründet, wozu – ganz dem bekannten Schema von Chaos und Ordnung folgend – der Zustand unter Gaumata als Unordnung und der Regierungsantritt Dareios' I. als Wiedereintritt in geordnete Verhältnisse dargestellt wird. Eine aramäische Fassung des Textes aus Elephantine belegt, dass der politische Anspruch des persischen Großkönigs im ganzen Reich verbreitet werden sollte. Der Papyrus wurde in der persischen Kolonie an der Südgrenze Ägyptens vermutlich als Schultext zur Ausbildung von Kanzleischreibern verwendet.

Die raschen Thronwechsel in der weiteren Geschichte des Perserreichs zeigen, wie sich die politische Lage von der Eroberung Babylons 539 bis zur Schlacht bei Issos gegen das Heer Alexanders des Großen im Jahr 333 veränderte. Im Verlauf des 5. Jahrhunderts nahm die Instabilität des Reiches zu. Auf die ionischen Aufstände (500–494) in Griechenland, die Schlachten bei Marathon (490) und Salamis (480) sowie die Niederlage bei Plataeae (479) folgte eine Rebellion in Ägypten (464–454). Der libysche Herrscher Inaros brachte mithilfe des attischen Seebundes das Nildelta und den persischen Verwaltungssitz Memphis unter seine Kontrolle und erhob Ansprüche auf die Levante.

Die Perserkriege gegen die Griechen unter Xerxes I. (486–465) und Artaxerxes I. (465–424/23) wurden vermutlich nicht durch den bei Herodot (Hist. VII,151–152) geschilderten «Kallias-Frieden» mit den griechischen Städten (449) beendet. Vielmehr hielten die Auseinandersetzungen an. Der Aufstand der westlichen Satrapien im gleichen Jahr (449) und die Aufstände der Satrapen in Medien und Kleinasien sorgten zusätzlich für Unruhe.

Für die südliche Levante war besonders die Situation in Ägypten von Bedeutung. Obwohl die Perser die Rebellion des Inaros 454 niederschlagen konnten, blieb der Norden Ägyptens ein ständiger Unruheherd. Die Entwicklung mündete in die völlige Loslösung Ägyptens von den Persern ein. Unter Amyrtaios von Sais (404–398) wurde eine einheimische Dynastie gegründet, und Ägypten war für sechzig Jahre politisch selbständig. Die Pharaonen der 28., 29. und 30. Dynastie orientierten sich wie schon Inaros zu den philistäischen und phönizischen Städten hin, was die Perser erneut herausforderte.

Nach der Niederschlagung der Satrapenaufstände in Phönizien wurde Ägypten unter Artaxerxes III. Ochos (359/58–338) erneut in das Perserreich integriert. Die zweite Perserherrschaft war jedoch recht kurz (341–332), sie endete mit dem Sieg Alexanders des Großen über Dareios III. Kodomannos (336–330) in der berühmten Schlacht bei Issos (333) und der Schlacht bei Gaugamela (331).

Das persische Verwaltungssystem und die Provinz Jehud

Mit der Eroberung des babylonischen Großreiches übernahm Kyros II. die bestehenden Verwaltungsstrukturen. Das ehemalige assyrische Verwaltungszentrum Ramat Rahel nahe Jerusalem blieb unzerstört und wurde von den Persern weiter ausgebaut. Aus Juda wurde die Provinz Jehud, die zur Satrapie Babylonien und Transeuphratene gehörte, von der auch das Alte Testament weiß (Neh 2,7–9; 3,7; Esra 4,20; 8,36).

Man muss sich das perserzeitliche Jehud recht klein vorstellen. Es handelte sich um ein Gebiet von gerade einmal 50 x 50 Kilometern mit Jerusalem als religiösem Zentrum sowie Mizpa (bis ca. 450) und Ramat Rahel als Verwaltungssitze. Die Grenzen Jehuds lassen sich anhand von Stempelabdrücken mit dem Namen «Jehud» auf Tonkrügen für den Handel bestimmen. Die meisten Exemplare stammen aus Ramat Rahel (307 = 53 Prozent), deutlich weniger aus Jerusalem (163 = 28 Prozent).

Nach der Gründung der Satrapie Babylonien und Transeuphratene wurde der persische General Gubaru/Gobryas, der an der Eroberung Babylons beteiligt gewesen war, zum Satrapen ernannt. Vielleicht schon unter Dareios I. (522–486), mit Sicherheit aber unter Artaxerxes I. (465–424/23) kam es zur Neuorganisation der Verwaltung des Reiches. Folgt man Herodot (Hist. III,89–91), so gehörte die Provinz Jehud nun zu einer kleineren Satrapie. Sie umfasste das Gebiet des heutigen Syrien, Jordanien, Israel sowie der palästinensischen Autonomiegebiete und wurde von Damaskus aus verwaltet. Jehud war von den Provinzen Idumäa, Aschdod, Dor, Samaria, Gilead, Ammon und Moab umgeben.

Angesichts der riesigen Ausmaße des Perserreiches musste das erste Ziel des Großkönigs sein, die Grenzen nach außen militärisch zu sichern und das Reich im Inneren durch ein straffes Verwaltungssystem zusammenzuhalten. Dazu gehörten ein von den Persern betriebenes Postsystem mit Boten, eine einheitliche Sprache – das sogenannte Reichsaramäisch – und ein ausgeklügeltes Steuersystem. Dieses beinhaltete lokale und zentrale Abgaben, die in den Provinzen erwirtschaftet werden mussten. Das Buch Nehemia (5,4) erwähnt die «Königssteuer»; Esra 4,20 eine «Steuer von jenseits des Stromes» (*ebær hannāhār*, Transeuphratene, vgl. Neh 2,7–9; 3,7; Esra 8,36). Hinzu kamen lokale Abgaben zur Finanzierung des Statthalters (Neh 5,14–15), der Verwaltungsaufgaben vor Ort und vermutlich auch für die Tempelverwaltung (Neh 10,33–35; 13,12).

Die Provinzen wurden wirtschaftlich auf den zunehmenden internationalen Handel ausgerichtet. Nun kam auch Münzgeld in Umlauf. Bereits für das 6. Jahrhundert sind griechische Silbermünzen in der südlichen Levante belegt. Ab etwa 450 wurden in den phönizischen Küstenstädten (Byblos, Sidon, Tyrus) und ab 440 in den philistäischen Städten (Aschkelon, Aschdod und Gaza) eigene Münzen geprägt. Diese orientierten sich zunächst deutlich an den griechischen Tetradrachmen, später folgten persische Motive, etwa das Konterfei des persischen Königs. In Jehud sind eigene Münzprägungen erst ab dem frühen 4. Jahrhundert belegt.

Das Aufkommen von Münzen und ihre späte Einführung in Jehud haben politische und wirtschaftliche Gründe. Die Perser mussten angesichts des Inaros-Aufstandes (464–454) und der Abspaltung Ägyptens (404) die südliche Levante stabilisieren. Darum wurde den Küstenstädten das Recht zur eigenen Münzprägung zugesprochen, und allmählich gewannen auch die Provinzen im Hinterland an Bedeutung. Jehud wurde nun deutlich stärker als zuvor in den Wirtschaftsraum integriert. Archäologisch lässt sich das an vermehrten Funden von griechischer Importware aus dieser Zeit belegen. Die Folge war ein wirtschaftlicher Aufschwung ab der zweiten Hälfte des 5. Jahrhunderts, der mit einem Bevölkerungswachstum einherging.

Die politischen und wirtschaftlichen Veränderungen legen es nahe, für die südliche Levante zwischen einer Perserzeit I (539–450) und einer Perserzeit II (450–333) zu unterscheiden. Auch wenn die Keramiktypologie keine größeren Veränderungen aufweist, entspricht diese Unterscheidung doch den politischen Gegebenheiten. Jehud lag in der ersten Hälfte der Perserzeit am Rande des Geschehens und rückte erst durch die neue politische Großwetterlage um 450 in den Fokus der Perser. Vermutlich erst seit dieser Zeit wirkten sich in Jehud die strukturellen Maßnahmen aus, die im ganzen Perserreich durchgesetzt wurden: die zentralisierte Geldpolitik, die einheitliche Verwaltungs- und Regierungssprache und das reichsübergreifende Nachrichtensystem.

Ob dies so zu interpretieren ist, dass Jehud erst unter Artaxerxes I. (465–424/23) eine eigene Provinz wurde und zuvor zur Provinz Samaria gehörte, oder ob Jehud doch von Anfang an Provinzstatus und einen eigenen Statthalter/Gouverneur hatte, ist eine offene Frage. Die Gesamtentwicklung und der archäologische Befund sprechen für Ersteres.

Die materielle Kultur der frühen Perserzeit in Jehud ist von starken Kontinuitäten seit der babylonischen Zeit geprägt. Es finden sich weder signifikante demographische Veränderungen noch Neuerungen in der Keramik (O. Lipschits). Beides ist erst ab der zweiten Hälfte des 5. Jahrhunderts und dann verstärkt im 4. Jahrhundert nachweisbar. Dazu gehören die Jehud-Stempelsiegel, auf denen seit Beginn des 4. Jahrhunderts nur noch der Name Jehud oder seine Abkürzungen verwendet werden *(yhd / yh)*. So spricht alles dafür, dass Jehud und damit auch Jerusalem zu Beginn der Perserzeit nur geringe Bedeutung hatten. Die Perser waren an den phönizischen Städten interessiert und konzentrierten sich auf Ägypten.

Ägypten und die «Judäer/Aramäer» von Elephantine

Die persische Politik in den kontrollierten Gebieten lässt sich gut am Beispiel Ägyptens verdeutlichen. Nach der Eroberung Ägyptens unter Kambyes II. 525 wurde wie in Jehud das vor Ort bestehende Verwaltungssystem übernommen, hohe Ämter wurden jedoch mit Persern besetzt. Die persische Politik, die Gegebenheiten vor Ort zu nutzen, zeigt sich an der Biographie des Ägypters Udjahorresenet. Der Sohn eines Priesters war unter den letzten beiden Königen der 26. Dynastie Befehlshaber der ägyptischen Flotte und wurde nach der Eroberung Ägyptens von Kambyses II. (530–522) als Oberarzt und Berater an den persischen Königshof geholt. Dort setzte sich Udjahorresenet beim König für die Restaurierung des Tempels in der alten Hauptstadt Sais ein. Seinem Bericht auf einer Stele aus dem Jahr 519/18 zufolge hat Udjahorresenet den persischen König über die Bedeutung des Kultes in dem Tempel «unterrichtet», diesen ersucht, «alle Ausländer» daraus zu vertreiben, und gebeten, dass Kambyses «den Tempel (wieder) wie früher in allen seinen Privilegien sein lasse». Kambyses zog daraufhin selbst nach Sais, um dort im Tempel der Göttin Neith zu opfern. Die Steleninschrift berichtet, dass Udjahorresenet auch unter Dareios I. (522–486) als Berater amtierte und von diesem damit beauftragt wurde, die Schreiberschule am Tempel zu Sais – in ägyptischer Terminologie «das Lebenshaus» – wieder aufzubauen. Die Schreiber wurden «mit allem» ausgerüstet, «was ihnen nach den Schriften wie früher erforderlich war» (alle Zitate: TUAT I/4, S. 603–607).

Das Beispiel des Udjahorresenet belegt für die frühe Perserzeit das Interesse der Perser, zur Stabilisierung des Reiches wichtige Tempel in den Provinzen zu fördern. Sais war die Hauptstadt der letzten einheimischen Dynastie. Dies bedeutet zugleich, dass Herodots viel zitierte Schilderung, dass Kambyses gegen die ägyptischen Tempel vorging (Hist. III,31–38), nicht zutrifft.

Die Maßnahmen der Perser betrafen auch eine Gruppe von Jahwe-Verehrern, die im 5. Jahrhundert in einer Militärkolonie im Süden Ägyptens lebte. Über diese Gruppe, die sich selbst als «Judäer/Aramäer» bezeichnete, sind wir durch ein Papyrusarchiv informiert, das Anfang des 20. Jahrhunderts auf der Nilinsel Elephantine gefunden wurde. Diesen Texten zufolge wurde bereits vor Kambyses, das heißt unter den Pharaonen der 26. Dynastie, ein Tempel für den Gott Jahu (= Jahwe) gegründet (HTAT S. 482). Vielleicht ist ein Teil dieser Gruppe bereits nach der Eroberung Samarias (722/20) nach Ägypten gelangt und ein anderer Teil nach dem Untergang des Südreiches Juda (vgl. Jer 43,4–7).

Das aramäische Archiv aus Elephantine beinhaltet private und offizielle Briefe, Verträge, Namenslisten, Notizen auf Tonscherben (Ostraka) und literarische Texte. Hinzu kommen zahlreiche ägyptische Texte, denn Elephantine war ein wichtiger Ort in Ägypten. Den Texten und archäologischen Funden zufolge waren der Tempel für den Gott Jahu und der Tempel für den ägyptischen widdergestaltigen Gott Chnum nur durch eine Straße voneinander getrennt. Da die Insel sehr klein war, müssen hier Menschen unterschiedlicher Abstammung auf kleinstem Raum zusammengelebt haben. Elephantine war eine «multikulturelle» Gemeinschaft mit Persern, Ägyptern, Syrern, Karern, Medern und «Judäer/Aramäern». Das Viertel, in dem die Judäer lebten, grenzte im Süden an den Tempelbezirk des Chnum. Dazwischen lagen der Jahu-Tempel und die «Straße des Königs». Sofern die Deutung des Ausgräbers Cornelius von Pilgrim zutrifft, reichte die Umfassungsmauer des Jahu-Tempels bis auf die Straße des Königs. Vielleicht war dies der Grund dafür, weshalb um 410 der jüdische Tempel zerstört wurde. Folgt man den aramäischen Papyri, geschah dies auf Veranlassung von Priestern des Chnum-Tempels (HTAT 285, Z. 5–8). Allerdings könnten auch religiöse Gründe eine Rolle gespielt haben. Denn die Judäer/Aramäer opferten Schafe, während den Ägyptern Widder (männliche Schafe) heilig waren. Im wiederaufgebauten Tempel gab es (dementsprechend?) keine Brandopfer (HTAT 286).

Einen Einblick in das Leben dieser multikulturellen Gemeinschaft auf Elephantine gibt das Familienarchiv der Judäerin Mib/ptachja. Sie trug einen Jahwe-haltigen Namen («[mein] Vertrauen ist Jah[we]»; vgl. Ps 40,5; 71,5) und war zunächst mit einem Judäer namens Jezaja verheiratet, danach in zweiter Ehe mit einem Ägypter, dem Baumeister Pia, Sohn des Pahi. Von diesem ließ sie sich scheiden und legte anlässlich der Teilung des Vermögens einen Eid auf die ägyptische Göttin Satet ab, die weibliche Hauptgottheit von Elephantine. In dritter Ehe heiratete Mib/ptachja den Ägypter Eshor («dem [Gott] Horus zugehörig»), jedoch wurden ihre Söhne weiterhin als «Judäer von Elephantine» bzw. «Aramäer von Syene» bezeichnet (HTAT 290–291).

Aus dem Archiv der Mib/ptachja sind verschiedene Verträge bekannt, darunter eine von elf Zeugen beglaubigte Urkunde über eine Landschenkung ihres Vaters, der Ehevertrag mit Eshor und ein Erbteilungsvertrag zwischen ihren Söhnen (HTAT 291). Die Namen in den Dokumenten geben Einblick in die kulturelle Vielfalt. Ein Zeuge trägt den biblischen Namen Hosea, ist jedoch der Sohn eines «Pete-Chnum», und damit eines Ägypters. Vergleichbare Fälle belegen, dass Ehen mit Partnern aus anderen Religionen oder Völkern in Elephantine auch bei Jahwe-Verehrern möglich waren und dass hier neben Jahwe auch andere Götter verehrt wurden. In den Briefadressen und Schwurformeln werden neben Jahu, Chnum und Satet auch die babylonischen Götter Bel, Nabu, Schamasch und Nergal genannt. Hinzu kommen palästinisch-syrische Gottheiten wie Anat-Jahu, Aschim-Bethel, Herem-Bethel und die Göttin Anat-Bethel. Ein Steuerregister belegt, dass Aschim-Bethel und Anat-Bethel zusammen mit dem Gott Jahu/Jahwe im Jahwe-Tempel von Elephantine verehrt wurden (HTAT 288). Einen Monotheismus im Sinne der ausschließlichen Verehrung des einen Gottes Jahu/Jahwe, wie er in den Zehn Geboten des Alten Testaments gefordert wird, gab es bei den Judäern/Aramäern von Elephantine nicht. In den Texten finden sich auch keine Hinweise darauf, dass die Kultbestimmungen und Gesetze des 5. Buches Mose (Deuteronomium) bekannt gewesen wären. Die Judäer feierten das Mazzot- und Passafest, jedoch nicht in der in 5. Mose 16 geforderten Form; sie kannten den Sabbat, aber nicht als Ruhe- oder Feiertag, sondern als Wochentag. Kurz, die Texte aus Elephantine lassen eine multikulturelle Form der Jahwe-Religion erkennen, die sich nicht an den zentralen Forderungen des 5. Buches Mose orientierte.

Diese Unterschiede zur biblischen Tradition fallen besonders ins Gewicht, da man in Jerusalem und Elephantine voneinander wusste. Als der Jahu-Tempel im Jahr 410/09 von einer Koalition aus ägyptischen Truppen und fremden Söldnern unter Führung des Kommandanten von Syene, Nāfina, zerstört wurde, wandten sich die Judäer von Elephantine schriftlich an den Statthalter von Jehud, die Autoritäten in Samaria und den Hohenpriester in Jerusalem (HTAT 284–285). Die Erlaubnis zum Wiederaufbau des Tempels wurde von den Statthaltern von Jehud und Samaria auch erteilt (HTAT 286). Dies zeigt, dass Elephantine nicht vom Kernland der Jahwe-Religion abgeschnitten war, sondern im Rahmen des Post- und Botenwesens des Perserreiches in schriftlichem Austausch mit Samaria und Jehud sowie der Jerusalemer Priesterschaft stand.

Das Jahwe-Heiligtum auf dem Garizim und die Samaritaner

Neben dem Tempel des Jahu auf der südägyptischen Nilinsel Elephantine gab es in der Perserzeit ein weiteres Jahwe-Heiligtum außerhalb Jerusalems. Es lag nahe der Stadt Sichem auf dem Berg Garizim. Die Archäologie und die Texte verweisen darauf, dass das fast 10000 Quadratmeter große Heiligtum nicht nur deutlich größer war als der Jerusalemer Tempel, sondern auch bedeutender. Wenn man für die spätpersische Zeit nach einer großen Jahwe-Gemeinschaft in der südlichen Levante sucht, dann findet man diese hier, bei den «Samaritanern» auf dem Garizim und nicht in Jerusalem.

Die «Samaritaner» werden in der neutestamentlichen und antiken Überlieferung als eine synkretistische Gruppe beschrieben, die streng von Jerusalem und der dort praktizierten Religion zu unterscheiden ist (Joh 4,9; 8,48; Apg 8,25 und Josephus, Antiquitates IX,296; XI,230–247; vgl. 2. Kön 17,24–41). Historisch gesehen war es jedoch anders. So haben Ausgrabungen, die in den 1980er Jahren auf dem Garizim durchgeführt wurden, zu einem neuen Blick auf die Jahwe-Verehrer auf dem Berg Garizim geführt, die man auch als «samarische Jahwisten» bezeichnen kann (J. Dušek). Ganz gleich, wie man sich in der aktuellen Debatte zum Verhältnis der beiden Jahwe-Heiligtümer auf dem Garizim und in Jerusalem positioniert – eines steht außer Frage: Da das Heiligtum auf dem Garizim im 5. Jahrhundert errichtet wurde und gerade einmal 45 Kilometer Luftlinie von Jerusalem entfernt lag, wird man den Jahwe-Kult in Jerusalem nicht völlig isoliert davon sehen können. Vielmehr drängt sich der gleiche Eindruck auf wie bei den biblischen Texten zur Frühgeschichte Israels. So wie dort der Zusammenhang zwischen «Israel» und «Kanaan» systematisch negiert wurde, so scheint auch in den Texten der nachexilischen Zeit die Verbindung zwischen «Jerusalem» und «Samaria» bewusst verschleiert worden zu sein.

Folgt man der Interpretation des Ausgräbers Yitzhak Magen, so wurde das Jahwe-Heiligtum auf dem Garizim um 480 gegründet. Perserzeitliche Münzen und Keramik sowie Holzreste, die mit der ^{14}C-Methode datiert wurden, lassen eine erste Phase dieses Heiligtums von 480 bis 332 erkennen. Die nahezu quadratische Anlage war mit Seitenlängen von 98 und 96 Metern erstaunlich groß und mit einer massiven Mauer umgeben. Im Norden stand ein Sechskammertor, das den eisenzeitlichen Toren von Hazor, Gezer und Megiddo ähnelte. Innerhalb des riesigen heiligen Bezirks gab es einen Hauptaltar und mindestens einen Nebenaltar. Vermutlich existierte in der ersten Phase der Anlage noch kein Tempel, sondern lediglich ein Freilichtheiligtum, das man sich ähnlich wie die Höhenheiligtümer der vorexilischen Zeit vorstellen muss (vgl. z.B. 1.Sam 9,12–14).

Religiöse Inschriften vom Berg Garizim sowie Wirtschafts- und Verwaltungstexte aus dem Wadi ed-Daliyeh belegen ein breites religiöses Spektrum: Auf der einen Seite zeigt sich ein geradezu klassischer Jahwe-Kult auf dem Berg Garizim, auf der anderen Seite eine multikulturelle Jahwe-Gemeinschaft auf dem Boden des ehemaligen Königreiches Israel, die dem Befund in Elephantine und Babylonien nahekommt.

Die aramäischen und hebräischen Weihinschriften aus dem Heiligtum auf dem Berg Garizim stammen zwar überwiegend aus hellenistischer Zeit, doch könnten einige der Texte in das 5. und 4.Jahrhundert zurückreichen. Die meisten Inschriften sind in aramäischer Sprache verfasst (Nr. 1–381) und belegen Jahwe-Verehrer, deren Personennamen sich kaum von denen in Jehud unterscheiden. Neben Jahwe-haltigen Namen wie Delajahu oder Jehonatan finden sich auch Namen, die das Element «el», eine Kurzform des hebräischen Wortes für Gott, enthalten, etwa Jischma-el oder El-natan. Das Tetragramm JHWH (Jahwe) ist in althebräischen (Nr. 383, vgl. auch Nr. 389) und aramäischen (Nr. 393) Buchstaben belegt. Ferner finden sich auch die biblisch bezeugten Priesternamen Pinchas und Eleasar (4. Mose 25,7.11).

Gegenüber den Weihinschriften vom Jahwe-Heiligtum auf dem Berg Garizim ist das Material aus dem Wadi ed-Daliyeh deutlich internationaler. Die Papyri, Tonbullen und Münzen aus der Zeit von 375–332 stammen wahrscheinlich aus Samaria, und damit der größten und bedeutendsten Stadt im perserzeitlichen Palästina. Das Material verweist auf eine multikulturelle Gemeinschaft. Neben israelitisch-judäischen Namen mit oder ohne Bezug auf Jahwe oder El – darunter so bekannte Namen wie Johanan, Hananja und Nehemia – finden sich zahlreiche aramäische, phönizische, edomitische, akkadische und persische Namensbildungen. Die Papyri enthalten in der Regel Privatverträge wie Sklavenverkäufe, Immobilien-, Darlehens- oder Pfandgeschäfte. Dabei zeigt sich wie auf Elephantine keine Orientierung an biblischen Vorgaben (etwa im Sklavenrecht), sondern der Einfluss lokaler Rechtspraxis, hier der babylonischen.

Beides zusammen, die Rechtspraxis und die Namen, verweisen auf ein Neben- und Miteinander verschiedener Ethnien.

Ein starker internationaler Einfluss zeigt sich auch bei den Siegeln aus Wadi ed-Daliyeh und den samarischen Münzen des 4. Jahrhunderts. Neben dem phönizischen Halbgott Bes und dem Baal von Tarsus sind vor allem griechische Götter belegt, darunter Zeus, Aphrodite, Herakles, Hermes und Nike. Zwar findet sich ein griechischer Einfluss auch bei den Jehud-Münzen aus der gleichen Zeit, das Spektrum der Motive ist gegenüber Samaria jedoch deutlich reduziert (S. 100).

Die Religionspolitik der Perser und der Zweite Tempel von Jerusalem

Wenn man vor dem Hintergrund der politischen Ereignisse, der Verwaltungsstruktur und der Jahwe-Gemeinschaften von Elephantine, Babylon und Samaria die religionsgeschichtliche Entwicklung Jehuds in den Blick nimmt, dann muss zunächst ein Faktum beachtet werden: Die einzige halbwegs verlässliche alttestamentliche Quelle über den Tempelbau datiert diesen in die Regierungszeit eines Königs Dareios (Haggai 1,1*.4.8, vgl. Esra 4,5.24). Sie lässt aber offen, ob es sich um Dareios I. handelt (522–486) oder um Dareios II. (423–404). Darum könnten der Wiederaufbau des Tempels und die damit verbundenen religionspolitischen Maßnahmen auch erst in der zweiten Hälfte der Perserzeit erfolgt sein. Bedeutet dies, dass der Jerusalemer Tempel wieder hergestellt wurde, als das Jahwe-Heiligtum auf dem Garizim schon gut sechzig Jahre existierte? Die alttestamentliche Forschung diskutiert derzeit verschiedene Szenarien, angefangen von einer Rivalität zwischen dem Garizim und Jerusalem bis hin zu der These, dass die kleine Jerusalemer Tempelgemeinde eine Art Filialheiligtum der großen Jahwe-Gemeinde auf dem Garizim war.

Die ältere Forschung ist lange Zeit dem biblischen Bild gefolgt und mit 2. Chr 36,22–23 und Esra 1,1–4 von einem offiziellen Erlass des Perserkönigs Kyros ausgegangen, in dem der Wiederaufbau des Tempels und die Rückführung der Kultgeräte geregelt wurden. Die alttestamentlichen Texte über das «Kyrosedikt» sind jedoch späteren Datums und können die These eines Tempelbaus unter Kyros II. (559–530) nicht belegen. Historisch ist es ausgesprochen unwahrscheinlich, dass Kyros II. direkt zu Beginn seiner Herrschaft Maßnahmen in Jerusalem angeordnet hat. So sind derzeit zwei Szenarien zum Tempelbau in Jerusalem denkbar.

Das *erste Szenario* geht davon aus, dass es auch nach der Eroberung Jerusalems 587/86 im Bereich des (teilzerstörten) Tempels einen Jahwe-Kult gegeben hat und mit dem in Haggai 1,1 genannten Dareios König Dareios II. (423–404) gemeint ist: Der Wiederaufbau des Tempels und die religionspolitischen Maßnahmen hätten diesem Szenario zufolge erst stattgefunden, als die perserzeitliche Provinz Jehud in den Fokus der Perser rückte. Dies war nach den Aufständen in Ägypten 464–454 (Inaros) und in der Satrapie Transeuphratene 449 (Megabyzos) der Fall. Nimmt man die wirtschaftliche Reorganisation ab etwa 450 hinzu, so wird man die religionspolitischen Maßnahmen in Jerusalem mit dem Ausbau der persischen Provinz Jehud in der zweiten Hälfte des 5. Jahrhunderts verbinden müssen. Für eine Zuordnung der religionspolitischen Maßnahmen zu Dareios II. spricht zudem, dass er nachweislich mit dem religiösen Leben einer Jahwe-Gemeinschaft befasst war. Ein aramäischer Papyrus enthält eine offizielle Verfügung Dareios' II. über die Feier des Passa- bzw. Mazzotfestes in der Jahwe-Gemeinde von Elephantine (HTAT 283).

Während dieses Szenario ohne die biblischen Figuren Nehemia und Esra auskommt, entspricht das *zweite Szenario* mit gewissen Modifikationen dem klassischen Bild. Es geht davon aus, dass es sich bei dem in Haggai 1,1 genannten Dareios um Dareios I. (522–486) handelt und der Jerusalemer Tempel in dessen sechstem Regierungsjahr (515) wieder eingeweiht wurde. Ähnlich wie im Fall des Ägypters Udjahorresenet wäre auch für Jerusalem denkbar, dass der Vertreter einer lokalen Elite als Sondergesandter des persischen Großkönigs in der Hauptstadt des besiegten Königreiches religionspolitische Maßnahmen durchführte. Esra 3,2 erwähnt einen Angehörigen des Geschlechts Davids mit Namen Serubbabel (vgl. Hag 2,4; Sach 4,6–10), der sich am Wiederaufbau beteiligte. Dabei wäre von einer Renovierungsmaßnahme am teilzerstörten Tempel auszugehen, ähnlich wie es für Udjahorresenet in Sais belegt ist.

Die eigentlichen religionspolitischen Maßnahmen verbindet das Alte Testament mit dem persischen Sondergesandten Nehemia und dem Priester Esra, deren Wirken mit einem persischen König namens Artaxerxes in Verbindung gebracht wird. Meist wird Nehemia (Neh 1,1) mit Artaxerxes I. verbunden (465–424/23) und die Mission Esras mit Artaxerxes II. (405/04–359/58; vgl. Esr 7,7). Den alttestamentlichen Angaben zufolge hat Esra im Auftrag des Artaxerxes die Tora als göttliches Gesetz proklamiert, was in der Regel so verstanden wird, dass das lokale Recht zum persischen Reichsrecht (aramäisch *dāt*) erhoben wurde. Ein solcher Vorgang ist jedoch ohne Parallele im Perserreich, wie auch Esra 7 deutlich aus Jerusalemer Perspektive geschrieben wurde. Der Text stammt vermutlich aus hellenistischer Zeit (S. Grätz).

Historisch wenig plausibel sind auch die biblischen Angaben zu Nehemia. Während die ältere Forschung eine authentische «Nehemia-Denkschrift» in Neh *1–7; *11–13 rekonstruieren wollte, ist die jüngere Forschung demgegenüber sehr skeptisch. Das biblische Bild, demzufolge Nehemia zunächst als Mundschenk am persischen Königshof in Susa lebte und als Sondergesandter nach Jerusalem geschickt wurde, weil ihn die zerstörte Stadt Jerusalem so bedrückte, wirkt unhistorisch.

Will man trotzdem hinter der stark theologisch gefärbten Darstellung über Nehemia und Esra einen historischen Kern sehen, so wäre dieser zeitlich nicht weit entfernt von dem erstgenannten Szenario. Nach 450 kam es im Kontext der politischen und wirtschaftlichen Entwicklung zu einer Aufwertung Jehuds mit seinem religiösen Zentrum Jerusalem, so dass dort religionspolitische Maßnahmen durchgeführt wurden.

Ganz gleich, welchem der beiden Szenarien man den Vorzug gibt, eines steht außer Frage. Das Jerusalem der Perserzeit war eine kleine Tempelstadt. Der Archäologie zufolge schrumpfte die Stadt nach den Ereignissen von 587/86 auf die Größe der alten Davidstadt, den schmalen Südosthügel, zusammen. Israel Finkelstein meint, dass im frühperserzeitlichen Jerusalem nur 200–500 Menschen lebten. Erst in der zweiten Hälfte der Perserzeit, nach 450, stieg die Bevölkerung Jerusalems auf rund 1000 Bewohner an (H. Geva). Damit lebten in Jerusalem gerade mal 300 Menschen mehr als in der Jahwe-Gemeinschaft von Elephantine – oder anders gesagt: Als im Jahr 407 die Priester von Elephantine nach Jerusalem schrieben, wandten sie sich an eine Tempelgemeinde, die nur wenig größer war als ihre eigene. Dies spricht dafür, dass es in Jerusalem spätestens ab 407 einen Tempel mit überregionaler Bedeutung gab. Der Brief der Jahwe-Priester aus Elephantine erwähnt einen Hohenpriester Yehohanan, ferner «Priester, die in Jerusalem sind» und «die Vornehmen der Judäer» (HTAT 285, Z. 18–19). Dies verweist auf eine Tempelgemeinde in Jerusalem Ende des 5. Jahrhunderts mit einer Priesterschaft, einem Hohenpriester und einer judäischen Elite.

Zusammenfassung

Zu keiner Epoche der Geschichte Israels hat es in den letzten zwanzig Jahren so entscheidende Revisionen gegeben wie zur Perserzeit. Glaubte die ältere Forschung, dem biblischen Bild in den Büchern Esra und Nehemia weitgehend folgen zu können, so besteht mittlerweile kein Zweifel mehr daran, dass die historischen Verhältnisse anders waren. Dies beginnt bei den unterschiedlichen Formen der Jahwe-Religion und endet bei den Maßnahmen in Jerusalem.

Wenn man die Geschichte Israels in der Perserzeit rekonstruieren will, so muss man streng beim außerbiblischen Befund ansetzen. Aus diesem ergibt sich zunächst, dass das große und bedeutende Jahwe-Heiligtum des 5. und 4. Jahrhunderts nicht in Jerusalem stand, sondern auf dem Garizim, dem heiligen Berg der Samaritaner. Selbst wenn man dem traditionellen Bild folgen möchte und davon ausgeht, dass der Jerusalemer Tempel schon um 515 wieder eingeweiht wurde, lag dieser ab 480 im Schatten des Heiligtums auf dem Garizim.

Jerusalem wurde erst dann als religiöses Zentrum wieder

wichtig, als die persischen Könige die Notwendigkeit sahen, die südliche Levante straffer zu organisieren. Dies war nach 450 der Fall, als eine neue Verwaltungsstruktur eingeführt und zunächst in Phönizien und Philistäa und ab dem 4. Jahrhundert auch in Jehud Münzen geprägt wurden. In dieser Zeit setzte in Jehud eine Entwicklung ein, die zur Ausbildung von wichtigen Identitätsmerkmalen des antiken Judentums führte: der Wochensabbat, die Beschneidung der männlichen Nachkommen, die Betonung der Tora und der Glaube an den einen Gott (Monotheismus).

Es ist ein Charakteristikum der Perserzeit, dass in jener Epoche unterschiedliche Formen der Jahwe-Religion entstanden. Grob gesprochen gab es auf der einen Seite die in Jerusalem und auf dem Garizim praktizierte Jahwe-Religion, die hier vermutlich eher konservativ ausgerichtet war, und auf der anderen Seite die kulturell offenen und international anschlussfähigen Exilgemeinden in Ägypten und Babylonien. Sowohl in den babylonischen Texten aus *Āl-Yāḫūdu* und anderen Orten als auch in den aramäischen Texten aus Elephantine ist eine Form religiöser Identität erkennbar, bei der ein reger Austausch mit anderen Ethnien gepflegt, die Fremdehe praktiziert wurde und – so jedenfalls für Elephantine zu vermuten – die Tora, das göttliche Gesetz, keine Rolle spielte.

Diese unterschiedlichen Gestalten der Jahwe-Religion existierten in der Perserzeit jedoch nicht unabhängig voneinander. Die Jahwe-Gemeinschaft von Elephantine stand in Briefverkehr mit der Tempelgemeinde von Jerusalem und vermutlich auch mit der vom Garizim. Nimmt man neuere archäologische Funde hinzu, die neben einer «jüdäischen» Siedlung auf Kition/Zypern auf perserzeitliche Jahwe-Heiligtümer in Idumäa (*Ḫirbet el-Kōm*, HTAT 338) und an der Westgrenze Jehuds in Lachisch verweisen, dann ist auch im Land selbst von einem Nebeneinander unterschiedlicher Formen der Jahwe-Religion auszugehen.

Wahrscheinlich war dieses Nebeneinander der Hintergrund für die Produktion religiöser, vor allem geschichtstheologischer Literatur während der persischen und der darauf folgenden hellenistischen Zeit, aus der die Hebräische Bibel, das Alte Testament, hervorging. Das Nebeneinander unterschiedlicher Identitätskonzepte zeigt sich beispielhaft am Gegenüber der Bücher Esra/Nehemia und dem Buch Ruth. Während Erstere sich strikt von allem Fremden abgrenzen und die Fremdehe (Exogamie) kategorisch ablehnen, kann das Buch Ruth geradezu als Plädoyer für die Fremdehe und ein Identitätskonzept gelesen werden, das nicht auf Ausgrenzung, sondern auf Integration setzt.

5. Das hellenistische Zeitalter (333–63 v. Chr.)

Wie für die Perserzeit soll die Entwicklung Jerusalems und Jehuds auch für die hellenistische Zeit im Kontext der politischen Veränderungen betrachtet werden. Drei Phasen sind zu unterscheiden: die relativ kurze Herrschaft Alexanders des Großen, die lange Periode unter Ptolemäern und Seleukiden sowie das Königtum der Hasmonäer. Die südliche Levante wurde im 3. Jahrhundert von den Ptolemäern kontrolliert und im 2. Jahrhundert von den Seleukiden, bevor sich mit den Hasmonäern das letzte einheimische Königtum erhob. Darauf folgte die Eroberung Palästinas durch die Römer in den Jahren 64/63.

Alexander der Große und der Aufstieg der Ptolemäer

Das erste Makkabäerbuch berichtet ganz am Anfang (1,1–8) von Alexander, dem Sohn Philipps von Makedonien, der als junger Feldherr den König von Persien schlug und nach zwölfjähriger Regierungszeit als König Makedoniens starb. Das Reich der Makedonen lag zwar am Rande der griechischen Welt, im Nordwesten des ägäischen Meeres, gewann jedoch unter Alexanders Vater, Philipp II. (369–336), an Einfluss. Durch den Ausbau des Militärs, die Erschließung neuer Rohstoffe (Holz und Edelmetall) und die Orientierung an griechischen Bildungsidealen erlebte das Reich eine Blüte. Mit dem Sieg über die Perser in der Schlacht bei Chaironeia (338) erlangte Philipp II. die

Vorherrschaft über die griechische Staatenwelt. Nach seinem Tod im Jahr 336 übernahm sein zweiundzwanzigjähriger Sohn Alexander die Herrschaft (334).

Alexander III., auch «der Große» genannt (356–323), schuf in kürzester Zeit ein Weltreich. Auf Feldzüge in Griechenland und auf dem Balkan (335) folgte die Unterwerfung der Perser. Nach dem Sieg über die kleinasiatischen Satrapen des Perserreiches in der Schlacht am Fluss Granikos bei Troja (334) schlug Alexander den Perserkönig Dareios III. (336–330) in der berühmten Schlacht bei Issos (333) und machte sich selbst zum persischen Großkönig. Als Rache für die Plünderung Athens durch die Perser im Jahr 480/79 ließ Alexander Persepolis niederbrennen («panhellenische Rache») und zog im Jahr 332 in Richtung Ägypten. Nach siebenmonatiger Belagerung fiel die Phönizierstadt Tyrus, nach zwei Monaten Gaza. Archäologisch sind Zerstörungen entlang der Küstenebene nachgewiesen, darunter *Tel Keisan* (2b), Akko, Megiddo (I) und ein 2014 ausgegrabener persischer Militärposten zwischen Gaza und Aschkelon mit Namen *Netiv HaAsarah*.

Josephus zufolge soll Alexander zwischen den Eroberungen von Tyrus und Gaza dem Hohenpriester von Jerusalem seine Aufwartung gemacht haben. Die Episode in den *Jüdischen Altertümern* (Antiquitates XI,304–345) ist jedoch unhistorisch. Alexander konzentrierte sich auf Ägypten und überließ – wie Nebukadnezar II. 587/86 – einem Feldherrn die Eroberung des palästinischen Binnenlandes. Dabei spielte Samaria eine besondere Rolle. Die Stadt leistete zunächst Widerstand, fiel jedoch 332/31 und wurde in eine makedonische Militärkolonie umgewandelt.

Nach der Einnahme Ägyptens erhob sich Alexander zum Pharao und knüpfte mit dem Titel «Sohn des Amun» bewusst an ägyptische Königsideologie an. Er führte Renovierungsmaßnahmen im Amun-Tempel von Theben in Karnak durch, opferte dem Apisstier in Memphis und pilgerte in die Oase Siwa zum Orakel des Gottes Amun, der nun als Zeus-Amon verehrt wurde. Den Quellen zufolge trug die geschickte Religionspolitik Früchte. Die ägyptischen Priester erkannten Alexander als legitimen Herrscher an. Gleichwohl kam es zu einer folgenschweren Veränderung. Denn Alexander gründete 331 im Westen des Nildeltas eine Stadt, die zu einer der wichtigsten Metropolen der hellenistischen Zeit werden und innerhalb Ägyptens die klassischen Zentren, allen voran Theben, verdrängen sollte – Alexandria.

Auch wenn die Stadt erst unter Ptolemaios II. (285/83–246) vollendet wurde, entwickelte sich Alexandria bereits unter Alexander zu einem hellenistischen Zentrum der Wissenschaften, Literatur und Philosophie. Alexandria war eine griechische Stadt auf dem Boden Ägyptens (*Alexandria ad Aegyptum*), die durch die Ansiedlung anderer Bevölkerungsgruppen zu einem multikulturellen Zentrum der Ptolemäerzeit wurde. Vermutlich wurde bereits unter dem Nachfolger Alexanders, Ptolemaios I., der Bau des Leuchtturms von Pharos begonnen, der als eines der sieben Weltwunder der Antike galt. Wenig später entstand auch die legendäre ptolemäische Bibliothek, die Schätzungen zufolge mehr als 40 000 Bücher enthielt (H.-G. Nesselrath).

Bereits seit der Gründung der Stadt lebten in Alexandria judäische und samarische Juden. Weitere jüdische Bewohner kamen Ende des 4. Jahrhunderts nach der Schlacht von Gaza als Kriegsgefangene und im 3./2. Jahrhundert als Flüchtlinge hinzu. Dem griechischen Historiker Diodor zufolge hatte Alexandria in späthellenistischer Zeit 300 000 Einwohner, darunter Ägypter, Griechen, Juden, Lykier und Phrygier. Der Aristeasbrief, ein pseudepigraphischer Briefroman aus dem späten 2. Jahrhundert (etwa 125 v. Chr.) gibt an, dass die Juden zur Stadtgemeinschaft gehörten und eine begrenzte Selbstverwaltung, nicht aber volle Bürgerrechte hatten (sogenanntes *Politeuma*, S. 104).

In diesem multikulturellen, hellenistisch geprägten Umfeld ist die Septuaginta, die griechische Übersetzung der hebräischen Bibel (des Alten Testaments) entstanden. Der Legende zufolge soll Ptolemaios II. Philadelphos (285/83–246) auf Anraten seines Bibliothekars Demetrios befohlen haben, eine Übersetzung der jüdischen Tora von je sechs Übersetzern aus den zwölf Stämmen Israel anfertigen zu lassen. Gegenüber der Darstellung im Aristeasbrief wurde die hebräische Bibel jedoch mit Sicherheit nicht in einem Zug übersetzt, sondern über einen längeren Zeitraum hinweg.

Alexander zog kurz nach der Gründung Alexandrias nach Syrien, um gegen das Zentrum des Perserreiches vorzugehen. Bei der Schlacht von Gaugamela am oberen Tigris 331 besiegte er die Perser endgültig. Mit dem Indienfeldzug in den Jahren 327–325 erreichte das Reich Alexanders seine größte Ausdehnung. Während der Vorbereitungen weiterer Feldzüge nach Westen und nach Arabien starb Alexander dreiunddreißigjährig in Babylon (323). Da es keinen rechtmäßigen Nachfolger gab – sein Halbbruder Arrhidaios galt als geisteskrank –, kam es zur Auseinandersetzung der militärischen Elite um die Kontrolle des riesigen Reichs. Alexander hatte in Fortführung des Verwaltungssystems der Perser eigene Gefolgsleute als Satrapen in den Provinzen eingesetzt. In Ägypten war dies Ptolemaios, in Syrien und im Osten des Reiches Seleukos. Damit hatte Alexander selbst die zwei Machtzentren geschaffen, die zum Zerfall des Reichs führten und die südliche Levante samt Judäa und Jerusalem bis zum Auftreten der Römer in Atem halten sollte: die Ptolemäer in Alexandria und die Seleukiden in Antiochien.

Aus den Kämpfen der Diadochen («Nachfolger»), die sich bis 281 hinzogen, gingen vier Teilreiche hervor: Griechenland fiel an Kassandros, Thrakien und Kleinasien an Lysimachos, der Rest Kleinasiens, Syrien sowie der Osten des Reiches an Seleukos und Ägypten an Ptolemaios. Zwar unterstanden Palästina und die phönizische Küste zunächst Ptolemaios I. Soter (323–283), der von 323–306 als Satrap von Ägypten und von 306–283 als ptolemäischer König regierte. Jedoch erhoben Antigonos I. Monophtalmos und sein Sohn Demetrios Poliorketes Ansprüche auf das Gebiet. Bei der Schlacht bei Gaza 315 erhielt Ptolemaios I. Unterstützung von Seleukos, der zunächst als Satrap von Babylonien (321–305) und später als seleukidischer König regierte (305–281). Demetrios wurde geschlagen und die Provinz Babylon fiel an Ptolemaios. 302 besetzte Ptolemaios Jerusalem, was eine Auswanderung einer Gruppe von Juden nach Ägypten nach sich zog. Bei der Schlacht bei Ipsos in Phrygien 301 fiel Syrien/Palästina an die Ptolemäer.

Es folgten ab 274 die sogenannten sechs «syrischen Kriege», in denen Ptolemäer und Seleukiden um die Vorherrschaft über die südliche Levante rangen *(Zeittafel)*. Erst mit dem Sieg Antiochos' III. des Großen bei Paneas im Jahr 200/198 über den ptolemäischen Feldherrn Skopas setzten sich die Seleukiden durch.

Judäa unter ptolemäischer Herrschaft (3. Jh.)

Von etwa 320 bis 200/198 stand die ehemalige perserzeitliche Provinz Jehud unter ptolemäischer Kontrolle. Sie war Teil von Koilesyrien, das zusammen mit Libyen, Zypern und Ägypten ein Währungsgebiet bildete, in dem die Besteuerung durch königliche Beauftragte aus Alexandria durchgeführt wurde. Ein Dekret Ptolemaios' II. aus dem Jahr 260 belegt diese Praxis für Syrien/Palästina (TUAT.NF II, S. 370–372). Mit ihren wirtschaftlichen Interessen wurden die Ptolemäer zu einem Motor der kulturellen Entwicklung in der südlichen Levante. Sie modifizierten das persische Verwaltungssystem, förderten den griechischen Einfluss und trugen mit ihrer Politik dazu bei, dass Jerusalem und der Hohepriester am Jahwe-Tempel an Bedeutung gewannen. Diese Maßnahmen dienten der politischen Stabilisierung des Reiches und seiner wirtschaftlichen Prosperität.

Sowohl in Ägypten als auch in der südlichen Levante kam es im 3. Jahrhundert zu einem wirtschaftlichen Aufschwung, dessen Schattenseite ein weiteres Auseinanderdriften von Reich und Arm war. Einigen wenigen Großgrundbesitzern standen viele Landarbeiter gegenüber, die Mühe hatten, für ihr tägliches Brot zu sorgen (TUAT.NF I, S. 315 [2]).

Die ehemals perserzeitliche Provinz Jehud, nun griechisch «Judäa» genannt, umfasste nach wie vor ein kleines Territorium jenseits der Küstenebene, doch die Siedlungsdichte im Bergland nahm deutlich zu. Schätzungen zufolge lebten in Judäa nun rund 40 000 Menschen. Wie schon in persischer Zeit lag im Norden von Judäa die Stadtkolonie Samaria mit dem Jahwe-Heiligtum auf dem Garizim, im Westen Aschdod mit dem Zentrum Jamnia, im Süden lag der westliche Teil von Idumäa mit Marescha/*Tell Sandaḥanna* und im Osten die Ammonitis mit Adorajim als Zentralort.

Münzfunde und Siegel zeigen, dass sich die Ptolemäer auf die Küstenebene konzentrierten und mit den in Judäa und Jerusalem erhobenen Steuern zufrieden waren, denn ihr Hauptinteresse galt dem wirtschaftlichen Gewinn aus den Provinzen. In Ägypten wurde dazu ein ausgeklügeltes Steuersystem mit mehr als 180 namentlich bekannten Steuern und Gebühren eingeführt. Mit den Steuern war ein politisches Programm verbunden, denn Personen und Berufsgruppen, die zur Ausbreitung der griechischen Kultur beitrugen, erhielten Steuererleichterungen. Dies konnten, wie ägyptische Texte belegen, auch Juden sein, die dann als «Steuer-Griechen» galten (W. Huß).

Das Eintreiben der Steuern wurde wie in Griechenland an den Meistbietenden verpachtet. Die Ptolemäer machten sich dabei die ökonomischen Interessen der lokalen Elite zunutze, denn bei den Geboten, die sich an den zu erwartenden Einnahmen orientierten, waren die Einheimischen gegenüber Fremden klar im Vorteil.

Einen Einblick in die Auswirkungen der ptolemäischen Steuerpraxis gibt die «Zenon-Korrespondenz». Dabei handelt es sich um das Archiv des ptolemäischen Verwaltungsbeamten Zenon mit gut zweitausend Texten aus der Zeit von 261–239, von denen rund vierzig Syrien/Palästina betreffen. In den Briefen wird etwa davon berichtet, dass Menschen trotz geleisteter Arbeit ihren Lohn nicht erhalten haben. Da die Arbeiter in der Regel mit Naturalien bezahlt wurden, mussten sie sich Geld leihen, um einfachste Bedürfnisse zu befriedigen (TUAT.NF 1, 315 [2]). Es kam zu Verschuldung, Gefängnis und Sklaverei. Die häufige Erwähnung von bestimmten Mengen an Weizenmehl in der Zenonkorrespondenz zeigt, dass Judäa wie schon in der Perserzeit hauptsächlich Getreide produzierte. Ramat Rahel war immer noch ein wichtiges Verwaltungszentrum, auch wenn Jerusalem zunehmend an Bedeutung gewann.

Von 312 Stempelsiegeln aus dem 4. und 3. Jahrhundert wurden 60 Prozent in Ramat Rahel gefunden und 19 Prozent in Jerusalem. Im 2. Jahrhundert ist es genau umgekehrt: von 142 Objekten stammen 61 Prozent aus Jerusalem und 22 Prozent aus Ramat Rahel (O. Lipschits / D. Vanderhooft).

In Judäa wurden nun auch Münzen mit ptolemäischen Motiven geprägt, wie dem Adler, dem Kopf Ptolemaios' II. oder seiner Schwester-Gemahlin Arsinoe II., jeweils mit der Inschrift «Jehud» versehen. Unter den Siegelabdrücken fällt eine Gruppe mit einem fünfzackigen Stern auf, dem berühmten Pentagramm, zwischen dessen Zacken die fünf Buchstaben *jršlm* («Jeruschalaim» = Jerusalem) eingraviert sind. Vielleicht darf man die beiden Siegeltypen mit zwei unterschiedlichen Steuersystemen verbinden: einer Steuer für die Ptolemäer und einer Tempelsteuer für Jerusalem, denn die Ptolemäer hatten allein schon aus Gründen der politischen Stabilität ein Interesse an den Tempeln, solange garantiert blieb, dass der eigentliche Profit nach Alexandria ging.

Jerusalem und die Ptolemäer

Das Jerusalemer Gemeinwesen war im 3. Jahrhundert nach wie vor so organisiert, wie es der Brief der Priester von Elephantine aus dem Jahr 407 erkennen lässt (HTAT 285): Es gab die Priesterschaft mit dem Hohenpriester an der Spitze und einen Ältestenrat, der in der hellenistischen Zeit «Gerusia» genannt wurde. Archäologisch lassen sich in Jerusalem verschiedene Baumaßnahmen aus der hellenistischen Zeit nachweisen, von denen zwar die meisten in die Hasmonäerzeit datieren, einige jedoch ptolemäerzeitlich sind.

Auf dem Südosthügel – der Davidstadt – wurde an der alten «stepped stone structure» ein Stadtmauerring errichtet («Macalister-Duncan-Mauer»). Sofern die Angaben des Aristeasbriefs zutreffen (100–104), wurde unter Ptolemaios II. Philadelphos (283–246) die Akra und damit eine der späteren drei Stadtburgen gebaut. Josephus zufolge diente die Burg um 200 als Sitz der ptolemäischen Besatzung (Antiquitates XI,133–138). Allerdings stellt sich die Frage, wie genau diese Angaben sind. Nach jüngsten Ausgrabungen der Hebräischen Universität Jerusalem im sogenannten «Givati Parking Lot» nordwestlich der David-

Abb. 1: Jehud-Münze aus dem 4./3. Jahrhundert v. Chr.: Neben der athenischen Eule steht auf Hebräisch «Johanan, der Priester».

stadt *(Karte 3)* lag die Akra nicht wie bei Josephus und im Aristeasbrief beschrieben an der höchsten Stelle der Stadt, sondern weit unterhalb des Niveaus des Tempelbergs.

Die Baumaßnahmen erklären sich zum einen aus den Auseinandersetzungen der Ptolemäer mit den Seleukiden und zum anderen aus dem Interesse der Ptolemäer an der Förderung des griechischen Einflusses. Ziel war, eine lokale Elite auszubilden, die im Ptolemäerreich offizielle Aufgaben übernehmen konnte. Dies zeigt sich auch im griechischen Einfluss. Zwar findet sich griechische Importkeramik bereits in der späten judäischen Königszeit (R. Wenning), im 3./2. Jahrhundert kam es jedoch zu einem griechischen Einfluss auf verschiedenen Ebenen. Bei den Jehud-Münzen des 4. und 3. Jahrhunderts begegnen verstärkt griechische Motive, wie der Kopf der Athena, die attische Eule oder der Falke. Zwar ist das Motivrepertoire gegenüber den zur gleichen Zeit geprägten Münzen aus Samaria deutlich reduziert, aber es finden sich charakteristische Verbindungen griechischer Motive mit lokalen Traditionen. Die Münzen sind mit der Aufschrift Jehud *(yhd)* versehen, auf jüngeren Exemplaren auch *yhwd* geschrieben. Auf einer Münze mit der athenischen Eule in der Mitte ist rechts und links davon die Inschrift «Johanan, der Priester» angebracht *(Abb. 1)*, auf einer anderen Münze, ebenfalls mit der athenischen Eule, die Aufschrift «Hiskija, der Statthalter». Sie belegen einen griechischen Einfluss in Jehud, der bis auf die offizielle Ebene reichte.

Dieser Einfluss zeigt sich auch auf mehr als 1500 Krug- und Amphorenhenkeln aus der Zeit von 260 bis 150, die im Bereich der alten Davidstadt in Jerusalem gefunden wurden. Neben profanen Motiven wie der Rose von Rhodos sind auch Göttersymbole belegt: der Kopf des Sonnengottes, der Dreizack des Poseidon, der Stab des Hermes und der Feststrauß des Dionysos.

Darum spricht einiges dafür, die im 2. Makkabäerbuch genannte Übernahme des griechischen Erziehungsideals in Jerusalem mit einem Gymnasion und einem Ephebeninstitut nicht dem Hohenpriester Jason (174–171) zuzuordnen (2. Makk 4,9), sondern bereits den Ptolemäern. Im *Gymnasion* wurde durch eine Kombination literarischer und musischer Bildung mit sportlichen Aktivitäten das griechische Erziehungsideal vermittelt. Das *Ephebeion* sollte die jungen Männer, die Epheben, auf ihren Status als vollwertige Bürger vorbereiten.

Damit gab es in Jerusalem auf relativ kleinem Raum sowohl die traditionelle Tempelschule als auch neue griechische Bildungsinstitutionen. Vermutlich wird man in diesem Nebeneinander einen der Gründe für die Literaturproduktion der hellenistischen Epoche sehen müssen. Wenn man nach einer historischen Situation sucht, in der sowohl die Frage nach den Merkmalen jüdischer Identität als auch die nach dem Verhältnis zu den Fremden die Jerusalemer Schriftgelehrten unmittelbar betraf, dann findet man sie hier.

Die Hohenpriester zwischen Ptolemäern und Seleukiden

Die genannten Baumaßnahmen in Jerusalem zur Zeit der Ptolemäer stehen in Zusammenhang mit der politischen Situation. Im 3. und 2. Jahrhundert setzte eine Politisierung des Hohenpriesteramtes ein, das unter den Ptolemäern – vielleicht in Anlehnung an ägyptische Praxis – erblich geworden war. In der Folge kam es zur Rivalität zwischen der Familie der Oniaden, die über mehrere Generationen hinweg den Hohenpriester stellten, und der angesehenen Jerusalemer Familie der Tobiaden. Die Oniaden waren tendenziell proseleukidisch, die Tobiaden hingegen proptolemäisch. In den Zenonpapyri wird für das Jahr 260 ein Grundbesitzer mit Namen Tobija genannt, der Befehlshaber einer ptolemäischen Militärkolonie in der Ammonitis war (TUAT.NF I, S. 314–315). In der Folge orientierten sich die beiden rivalisierenden Familien je nach politischer Lage mal zu den Ptolemäern und mal zu den Seleukiden hin. So stellte der Hohepriester Onias II. unter Ptolemaios III. Euergetes (246–221) die Tributzahlung an die Ptolemäer ein. Diese drohten mit Enteignung und der Umwandlung Jerusalems in eine Militärkolonie. Onias übertrug daraufhin seinem Neffen, dem Tobiaden Josef, die Leitung des Volkes (*Prostasia*). Unter dessen Sohn Hyrkan kam es zum Konflikt. Er ließ sich von Ptolemaios IV. Philopator (221–204) zum Vorsteher Judäas ernennen, konnte sich jedoch nicht gegen den inzwischen amtierenden Hohenpriester Simeon II. (ca. 215–196) durchsetzen. Hyrkan floh ins Ostjordanland nach *ʿIrāq al-Amīr*, gut 17 Kilometer westlich vom heutigen Amman *(Karte 4)*. Josephus zufolge soll Hyrkan dort ein jüdisches Heiligtum gegründet haben, allerdings deutet der archäologische Befund eher auf eine Militärfestung als auf einen Tempel hin.

Die wechselnde politische Orientierung in Jerusalem hängt mit den sechs syrischen Kriegen zusammen, in denen Ptolemäer und Seleukiden zwischen 274 und 168 um die Vorherrschaft auf der syro-palästinischen Landbrücke rangen. In den Konflikten des 3. Jahrhunderts konnten sich zunächst die Ptolemäer behaupten. Dies galt auch für die Auseinandersetzung mit dem Seleukidenherrscher Antiochos III., auch «der Große» genannt (222–187). Dieser versuchte am Ende des vierten syrischen Krieges (217), Phönizien und Palästina unter seine Kontrolle zu bringen, unterlag jedoch in der Schlacht bei Raphia Ptolemaios IV. Philopator. Antiochos III. dehnte sein Herrschaftsgebiet bis nach Kleinasien und die östlichen Satrapien aus und kooperierte mit dem Makedonier Philipp V. (222–179). Erst im fünften syrischen Krieg (201/200–198) fügte Antiochos III. dem ptolemäischen General Skopas in der Schlacht bei Paneion

(Paneas) eine vernichtende Niederlage zu. Damit fiel «Syria und Phoinike» an die Seleukiden.

Folgt man den Angaben bei Josephus und im Sirachbuch (Sir 50,1–4), so erreichte der Hohepriester Simeon II. (ca. 215–196) aus der Familie der Oniaden bei Antiochos III. einen Steuererlass für die Tempelwirtschaft. Ob aber der bei Josephus (Antiquitates XII,138–144) zitierte Brief einen historischen Kern hat, ist eine offene Frage. Für die Historizität könnte sprechen, dass Antiochos III. auch sonst politisch geschickt vorging. Er pflegte diplomatische Kontakte zu den Phöniziern, die in eine politische Heirat zwischen seiner Tochter Kleopatra I. und Ptolemaios V. Epiphanes im Jahr 193 einmündeten. Josephus zufolge gewährte er eine dreijährige Steuerfreiheit, erließ ein Drittel des bisher an die Ptolemäer gezahlten Tributes und gewährte den Beamten des Tempels und des Ältestenrates (der Gerusia) eine Befreiung von der Personalsteuer und der Kopfsteuer. Vergleichbare Maßnahmen sind aus dem ptolemäischen Ägypten bekannt, was zusätzlich für die Historizität der Angaben bei Josephus sprechen könnte. Auch in Ägypten wurden bestimmte Personengruppen wie Priester oder Lehrer von einzelnen Steuern befreit.

Eine Befriedung der Verhältnisse in Palästina, Judäa und Jerusalem war allein schon durch die weltpolitische Lage geboten, denn mit Rom trat ein neuer Gegner auf, der die Politik der Seleukiden gegenüber Jerusalem zunehmend bestimmen sollte. Die neue gesamtpolitische Situation fiel mit Konflikten in Jerusalem zusammen. Die Machtkämpfe zwischen proptolemäischen und proseleukidischen Parteigängern führten dazu, dass das Hohepriesteramt käuflich wurde. Der letzte legitime Hohepriester war Onias III. (196–175), der als Enkel Onias' II. und Sohn Simeons II. das Amt zur Zeit Seleukos' IV. Philopator (187–175) übernahm, und damit in der Phase der Auseinandersetzung zwischen Seleukiden und Römern.

Die Folge war ein rascher Wechsel im Hohenpriesteramt. Nach der Absetzung Onias' III. kam es zu Unruhen, die eine ptolemäerfreundliche Gruppe aus Jerusalem (Onias IV.?) dazu veranlasste, nach Ägypten auszuwandern. Josephus zufolge erlaubte Ptolemaios VI. (180–145) dem jüdischen Hohenpriester, ein Heiligtum für den Gott Jahwe zu errichten (Antiquitates XII,388; XIII,65–71). Ob dieser Tempel in Leontopolis *(Tell el-Yehūdīye)* lag oder in Heliopolis (dem biblischen On, 1. Mose 41,45), ist unklar. Vielleicht handelte es sich auch um eine bereits existierende ältere jüdische Siedlung. Zusammen mit anderen jüdischen Gemeinden in Memphis, Herakleopolis, Edfu und Alexandria gab es damit unterschiedliche Formen eines antiken Judentums in Ägypten. Zwanzig Papyri aus Herakleopolis belegen, dass die Juden als *Politeuma* organisiert waren, das heißt, das Recht zu einer begrenzten Selbstverwaltung einschließlich freier Religionsausübung und eigener Rechtsprechung hatten. Die Texte aus Herakleopolis verweisen jedoch auf keine explizite Orientierung an der Tora, dem jüdischen Gesetz (vgl. Elephantine, S. 85).

Antiochos IV. und der Makkabäeraufstand (2. Jh.)

Die Aufstände der jüdischen Makkabäer gegen die Seleukiden in den Jahren 176–142 haben ihre Ursache in der Politik der Seleukiden, die sich durch die Auseinandersetzung mit Rom entscheidend änderte. Philipp V., König von Makedonien und Parteigänger Antiochos' III., hatte mit einem Angriff auf Pergamon und Rhodos Rom herausgefordert. Es kam zum Krieg (200–197), der mit dem Sieg der Römer in der Schlacht von Kynoskephalai (197) endete. Kurz darauf scheiterte auch der Versuch Antiochos' III., zusammen mit dem karthagischen Feldherrn Hannibal Griechenland unter seine Kontrolle zu bringen. Sowohl die Schlacht bei den Thermopylen (191) als auch die bei Magnesia (190) gingen verloren. Im «Frieden von Apamea» (188/87) musste das Seleukidenreich alle europäischen und einen Teil seiner kleinasiatischen Gebiete an Rom, Pergamon und Rhodos abgeben. Antiochos III. musste hohe Reparationszahlungen leisten, was zu einer Neuausrichtung der seleukidischen Steuerpolitik führte. Die Steuerprivilegien an den proseleukidischen Hohenpriester in Jerusalem, Simeon II. (ca. 215–196), wurden zurückgenommen und Maßnahmen gegen die lokalen Tempel des Reiches eingeleitet. Bei dem Versuch, den Baal-Tempel nahe dem persischen Susa zu plündern, wurde Antiochos III. im Jahr 187 getötet. Da ein Teil seiner Familie als Geisel in Rom gefangen gehalten wurde, darunter auch der rechtmäßige Nachfolger Antiochos IV., bestieg Seleukos IV. Philopator (187–175) den Thron. Um die hohen Reparationszahlungen an die Römer aufbringen zu können, versuchte Seleukos die Erträge der Tempelwirtschaft abzuschöpfen. Dem 2. Makkabäerbuch zufolge soll er seinen Kanzler Heliodor damit beauftragt haben, sich am Jerusalemer Tempelschatz zu bedienen. Auch wenn die Darstellung in 2. Makk 3 stark legendarische Züge trägt, ist der historische Kern des Vorgangs durch zwei außerbiblische Inschriften belegt. Auf einer Stele unbekannter Herkunft wird ein Brief des Königs an Heliodor erwähnt, und auf drei Stelenfragmenten aus Marescha (Schefela) ist davon die Rede, dass Seleukos dem Höfling Olympiodor Befugnisse über die Heiligtümer in Koilesyrien und Phönizien zuwies.

Die politische Situation änderte sich erneut, als Heliodor im Jahr 175 Seleukos IV. in Antiochien ermorden ließ. Mit Antiochos IV. Epiphanes (175–164) bestieg ein Herrscher den Thron, der sowohl in biblischen als auch in ägyptischen Texten des 2. Jahrhunderts erwähnt wird – wenn auch in verschlüsselter Sprache. Im Danielbuch wird er als «kleines Horn» (Dan 8,9) bezeichnet, in der ägyptischen Prophezeiung des Lammes des Bokchoris als «der Meder».

Auch in Jerusalem änderten sich mit Antiochos IV. die Verhältnisse. Menelaus (171–162), vermutlich ein Sohn des proseleukidischen Palastvorstehers Simeon (2. Makk 4,23), bot Antiochos IV. in Antiochien einen doppelt so hohen Tribut an und erhielt dafür das Hohepriesteramt. Der bisherige Hohepriester Jason floh ins Ostjordanland, vermutlich zur Festung Hyrkans nach *'Irāq al-Amīr*. Die Zusage von jährlich 660 Talenten Silber war jedoch unrealistisch, so dass Menelaus sich am Tempelschatz vergreifen musste, um seine Verpflichtungen zu erfüllen. Als im Zuge des Ägyptenfeldzuges im sechsten syrischen Krieg 170–168 das Gerücht aufkam, Antiochos IV. sei gefallen, ging der ehemalige Hohepriester Jason gegen Menelaus vor und gewann mit größter Brutalität die Macht zurück.

Antiochos IV. wertete den Machtwechsel in Jerusalem als Rebellion und bestrafte die Stadt hart. Dabei wurde der Tempel geplündert und die kultischen Geräte wurden entwendet. Die Krise verschärfte sich, als Antiochos IV. im Herbst 168 den General Apollonios mit Soldaten nach Jerusalem schickte. Es kam zu gewaltsamen Auseinandersetzungen in der Davidstadt und im südlichen Tempelbezirk, an deren Ende die Einrichtung einer seleukidischen Militärgarnison auf der Akra stand (2. Makk 5,24–25).

Anders als in der Bibel dargestellt, waren die Maßnahmen Antiochos' IV. nicht primär religionspolitisch ausgerichtet. Ihm ging es nicht um die Eindämmung der jüdischen Religion oder gar um die Abschaffung des Jahwe-Kultes, sondern um die Befriedung eines steten Unruheherds. Die Hohenpriester hatten durch ihre Politik Jerusalem erst zu einem Krisenherd für die Seleukiden gemacht.

Ganz gleich ob der Hohepriester Menelaus die Maßnahmen Antiochos' IV. aktiv unterstützt hat oder nicht, das politische Agieren der Hohenpriester führte dazu, dass die Seleukiden die Hellenisierung Jerusalems weiter vorantrieben und damit jene Kräfte unterstützten, die kulturell offen waren und in Opposition zur Priesterschaft am Jahwe-Tempel standen. Durch verschiedene Maßnahmen wie die Einführung griechischer Mode (2. Makk 4,13) oder ein Bürgerverzeichnis (2. Makk 4,9) sollte Jerusalem zu einer antiochenischen *Polis* werden.

Die religionspolitischen Maßnahmen, von denen die biblischen Quellen berichten, waren im Kern Maßnahmen zur Förderung der Hellenisierung. Dan 7,25 und 2. Makk 6,6.10–11 zufolge wurden die Beschneidung und der Sabbat verboten, und durch den Verzehr von Schweinefleisch wurde mit der biblischen Unterscheidung von reinen und unreinen Tieren (3. Mose 11) gebrochen. Nach 2. Makk 6,2 wurde der Jahwe-Tempel dem Zeus Olympios gewidmet, was letztlich als eine *interpretatio graeca* des Gottes Jahwe zu verstehen ist, der so mit dem griechischen Gott gleichgesetzt wurde, und nicht

Abb. 2: Jehud-Münze von ca. 380 v. Chr.: Die Rückseite zeigt eine Gottheit auf dem Flügelrad; die aramäische Inschrift lautet «Jehud» oder «Jahu».

etwa als die Verdrängung des jüdischen Gottes durch den griechischen.

Damit wurde in Jerusalem umgesetzt, was in Jehud bereits schon in der späten Perserzeit belegt ist. Auf einer Münze aus dem Jahr 380 ist auf der Vorderseite ein Männerkopf mit korinthischem Helm abgebildet und auf der Rückseite eine Gottheit auf einem Flügelrad (Abb. 2). Die Inschrift kann entweder als «Jehud» oder als «*Jhw*» (Jahu) gelesen werden. Im einen Fall ist die Gottheit dargestellt, die mit «Jehud» zu verbinden ist, im anderen handelt es sich um den Namen der Gottheit, Jahwe (O. Keel). Ganz gleich, wie man sich entscheidet – die Silbermünze könnte auf eine *interpretatio graeca* des Gottes Jahwe bereits im frühen 4. Jahrhundert verweisen.

In einem Punkt ging Antiochos IV. jedoch über die bisherige Hellenisierung Jerusalems hinaus. Er verordnete das Opfer von Schweinefleisch im Jerusalemer Tempel. Diese Maßnahme, die in der Bibel als «Gräuel der Verwüstung» bezeichnet wird (Dan 8,13; 1. Makk 1,57), führte zu einer Protestbewegung, die in die Makkabäerkriege der Jahre 167–143/42 einmündete.

Der Widerstand wurde von dem Makkabäer Mattatias und seinen Söhnen organisiert. Die Bezeichnung «Makkabäer» leitet sich von dem Beinamen seines dritten Sohnes, Judas, ab, der hebräisch *maqqæbæt* und aramäisch *maqqaba'* («Hammer») genannt wurde. Die Makkabäer formierten zusammen mit den traditionellen Gruppen in Jerusalem und der Landbevölkerung eine Aufstandsbewegung gegen die hellenistischen Kreise. Während die Angehörigen der Jerusalemer Oberschicht, darunter auch einige Vertreter der Hasidäer – die «Frommen», vgl. 1. Makk 2,42; 7,12 – religionspolitische Ziele hatten, ging es den Vertretern der Landbevölkerung um wirtschaftliche Interessen. Denn wie schon zur Zeit der Ptolemäer hatten die Menschen auf dem Land besonders stark unter der hohen Steuerlast zu leiden.

Die Makkabäer gewannen zunächst die Oberhand, da Antiochos IV. Epiphanes sich im Osten seines Reiches einem Angriff der Parther ausgesetzt sah. Im Jahr 164 zog Judas Makkabäus in Jerusalem ein und erreichte die Wiedereinweihung des Tempels. De facto wurde damit wieder der Zustand vor den seleukidischen Hellenisierungsmaßnahmen hergestellt. Es gab eine Koexistenz von hellenistischem Lebensstil und jüdischer Ausrichtung am göttlichen Gesetz (Toraobservanz). In den Makkabäerbüchern wird die Auseinandersetzung allerdings in grellen Farben gemalt, denn die Darstellung dient der politischen Theologie der Hasmonäer (zum Namen «Hasmonäer» siehe Josephus, Antiquitates XII,265; Bell. 1,36). Doch Judas Makkabäus beließ es nicht bei der Wiederherstellung des Jahwe-Kultes, sondern baute in der Davidstadt eine Festung und unternahm Eroberungsfeldzüge nach Gilead, Galiläa, Idumäa sowie in die Küstenebene.

Nachdem die Seleukiden durch den Tod Antiochos' IV. zunächst mit Thronwirren zu kämpfen hatten, ging der seleukidische Statthalter Lysias gegen die Makkabäer vor. Er führte die Geschäfte für den unmündigen Antiochos V. Eupator (164–162). Lysias eroberte Beth Zur und nach einer Belagerung im Jahr 162 auch Jerusalem. Nur die fortgesetzten Thronstreitigkeiten in Antiochia, aus denen mit römischer Unterstützung Demetrios I. Soter (162–151/50) als neuer Herrscher hervorging, verhinderten die totale Niederlage der Makkabäer. Das Hohepriesteramt ging jedoch verloren. Zwar konnten die Makkabäer gegen die Seleukiden einige militärische Erfolge erzielen

(Schlacht bei Nikanor, Kafar-Salama und Hadascha, 1. Makk 7,31–32.39–49), doch wurde Judas Makkabäus in der Schlacht bei Elasa im Jahr 161 getötet. Unter Führung seines jüngsten Bruders Jonatan Apphus zogen sich die restlichen Aufständischen in die Wüste Juda zurück.

Die politischen Ereignisse in Antiochia führten dazu, dass die Makkabäer doch noch ihr Ziel erreichten. Als Alexander Balas (150–145) dem Seleukidenherrscher Demetrios I. den Thron streitig machte, beauftragte dieser den Strategen Bakchides, mit den Makkabäern zu verhandeln. Die eigene Herrschaft war Demetrios I. wichtiger als die Eindämmung der Makkabäer, was einiges über das Kräfteverhältnis im Seleukidenreich sagt.

Jonatan wurde erlaubt, in Michmas, einem Ort bei Geba nordöstlich von Jerusalem, eine eigene Gerichtsbarkeit zu etablieren, was de facto die Etablierung einer Parallelregierung bedeutete. Als Alexander Balas im Jahr 152 seinerseits eine Parallelregierung in der Küstenstadt Akko installierte, zog Demetrios I. seine Truppen von Jerusalem und Beth Zur ab. Alexander versuchte Jonatan auf seine Seite zu ziehen und bot ihm das Jerusalemer Hohepriesteramt an. Da Jonatan nicht aus der zadokidischen Oniadendynastie stammte, gab es zwar Widerstand konservativer Kreise, namentlich der «Frommen» (Hasidäer) – doch das störte Jonatan nicht. Er wollte die Gelegenheit nutzen, mit Unterstützung der Seleukiden die Jerusalemer Tempelgemeinde zu übernehmen, um von dort aus im Schatten der Ereignisse in Antiochia den eigenen Machtbereich auszudehnen. Damit war Jonatan der erste Makkabäer, der vom Seleukidenreich offiziell anerkannt wurde. Er bereitete so das hasmonäische Königtum vor, bei dem das Hohepriesteramt mit einer weltlichen Herrschaft zusammenfiel.

Das Königtum der Hasmonäer

In Ermangelung anderer Quellen ist man für die historische Rekonstruktion der Hasmonäerzeit weitgehend auf die Angaben in den Makkabäerbüchern und bei Josephus angewiesen. Dies ist insofern problematisch, als die Makkabäerbücher eine klare theologische Agenda haben und beispielsweise den Bruder und Nachfolger Jonatans, Simeon Makkabäus (143/42–134), als eine Art *David* und *Salomo redivivus* stilisieren. Gleichwohl lassen sich Eckdaten der Geschichte des antiken Judentums von den Hasmonäern bis zum Beginn der römischen Herrschaft benennen. Die Nachfolger des Jonatan einschließlich des Begründers des Hasmonäerkönigtums, Johannes Hyrkan I. (135/34–104), konnten sich rund hundert Jahre an der Macht halten, weil sie die wechselnden Machtverhältnisse im Seleukidenreich für ihre Zwecke zu nutzen wussten.

Jonatan wurde unter dem Seleukidenherrscher Alexander Balas zum militärischen Strategen und Meridarchen («Teilherrscher») über die Provinz Koilesyrien ernannt, geriet jedoch später zwischen die Fronten und wurde 142 von einem General des Seleukidenkönigs Antiochos VI. hingerichtet. Die Führung der Makkabäer fiel an Simon Makkabäus (142–134), der von Demetrios II. in seinem Amt bestätigt und mit weitreichenden Rechten ausgestattet wurde. Er eroberte die Akra in Jerusalem von den Seleukiden und dehnte seinen Machtbereich nach Westen aus. Mit Jafo verfügten die Hasmonäer unter Simon über einen eigenen Mittelmeerhafen. Judäa hatte damit direkten Zugang zum internationalen Handel und wurde bald auch vom Seleukidenherrscher Antiochos VII. Sidetes (138–129) mit dem Recht zur eigenen Münzprägung ausgestattet, das Simons Nachfolger Johannes Hyrkan I. (135/34–104) rege nutzte. Auch wenn Simon sich noch nicht als König bezeichnete, erlangte Judäa doch in seiner Zeit politische Autonomie.

Als Simon zusammen mit zweien seiner Söhne 135 bei Jericho ermordet wurde, trat sein Sohn Johannes Hyrkan I., bislang Provinzgouverneur in Gezer, die Nachfolge an. Mit seiner Herrschaft regierte in Jerusalem mehr als 450 Jahre nach Zedekia erstmals wieder ein einheimischer König. Als der Seleukidenkönig Antiochos VII. im Kampf gegen die Parther 129 fiel und erneut Demetrios II. zum Herrscher ernannt wurde, nutze Johannes Hyrkan I. die Gunst der Stunde, um mit einem eigenen Heer die Kontrolle über die wichtigsten Handelswege im Süden und Norden zu erlangen. Obwohl die Hasmonäer de facto hellenisiert waren, präsentierten sie sich doch als Vertreter der Anliegen des jüdischen Volkes. Dies zeigt sich beispielsweise auf Münzen an der Verwendung der althebräischen Schrift und nicht der «modernen» aramäischen Quadratschrift.

Die unter Johannes Hyrkan I. geprägten Münzen zeigen auf der einen Seite einen Anker und auf der anderen eine Lilie. Ersteres ist das Symbol der Seleukiden, letzteres das der Hasmonäer. Manche Münzen tragen die Aufschrift «*Yehoḥanan*/Johanan, der Hohepriester, und Oberster des *ḥeber*» bzw. «... und Oberster des *ḥeber hayehudīm*». Der Ausdruck kann entweder als jüdische Ratsversammlung oder als jüdisches Volk verstanden werden.

Unter Johannes Hyrkan I. wurde im Jahr 129/28 der Tempel auf dem Garizim zerstört (Josephus, Antiquitates XIII,254–258). Spätestens jetzt kam es zum Schisma zwischen den Jahwe-Verehrern in Jerusalem und denen auf dem Garizim. Die Jahwe-Verehrer im Norden galten aus Jerusalemer Perspektive nun als Abtrünnige, so dass die Bezeichnung «Samaritaner» negative Bedeutung erhielt (S. 86).

Im Zuge der Expansionspolitik nach Norden wurden Galiläa und Idumäa annektiert. Gleichzeitig trieb Johannes Hyrkan I. den Ausbau im Inneren voran. Er ließ die Jerusalemer Stadtmauer wiederherstellen und errichtete nördlich des Tempelbezirks im Gebiet der heutigen Altstadt die Burg Baris als Residenz der Hasmonäer. Damit führte er Baumaßnahmen aus frühhasmonäischer Zeit weiter, wie die Stadtmauer samt Türmen, die nahe der heutigen Westmauer der Altstadt verlief (Grabungen im Bereich der heutigen «Zitadelle»; Münzfunde aus der Zeit Alexander Jannais).

In Jericho wurde ein Winterpalast im hellenistischen Stil errichtet, der später von Herodes ausgebaut wurde. Johannes Hyrkans Nachfolger setzten den Ausbau Jerusalems fort. Aristobul II. etwa ließ einen neuen Palast errichten. Dadurch wandelte sich Jerusalem unter den Hasmonäern von einer kleinen Tempelstadt zu Beginn der hellenistischen Zeit zu einer repräsentativen Stadt mit großen Stadtmauern und drei königlichen

Palästen – einen im Süden, einen im Norden und einen im Westen der Tempelplattform. Die Bevölkerung wuchs auf 8000 Menschen an (H. Geva).

Die Expansionspolitik im Norden wurde unter dem Sohn und Nachfolger Johannes Hyrkans I., Judas Aristobul I. (104–103), fortgesetzt, was in Galiläa zu einer größeren Siedlungsentwicklung führte. Unter Alexander Jannai (103–76) wurde das Herrschaftsgebiet der Hasmonäer nochmals ausgeweitet, so dass nun ganz Galiläa, der Golan, das Ostjordanland bis an das Südende des Toten Meeres sowie das gesamte Westjordanland einschließlich des Küstenstreifens von den Hasmonäern kontrolliert wurden. Im Zuge dieser Eroberungen soll es zu Zwangsjudaisierungen gekommen sein. Wer sich der Beschneidung widersetzte, wurde vertrieben.

Den Angaben des Josephus zufolge regte sich bald Widerstand gegen die Hasmonäer. Die Pharisäer, die vielleicht aus der Gruppe der «Frommen» (Hasidäer) am Zweiten Tempel hervorgegangen sind, versuchten mithilfe des Seleukidenherrschers Demetrios III. Eukairos (95–87) den Hasmonäerkönig Alexander Jannai zu vertreiben, scheiterten jedoch damit. Nach dem Tod Alexanders bemühte sich die neue Regentin Salome Alexandra (76–67) um eine Befriedung der Verhältnisse. Allerdings schlug sich mit den Sadduzäern eine Gruppe von Angehörigen der Jerusalemer Oberschicht und von Priestern am Jerusalemer Tempel auf die Seite ihres jüngeren Sohnes Aristobul II. (67–63), der dem Militär vorstand. Zwischen ihm und ihrem älteren Sohn Johannes Hyrkan II. (76–67/63–40), der das Amt des Hohenpriesters innehatte, entbrannte ein Machtkampf, der erst durch den römischen Feldherrn Pompeius beendet wurde. So waren die Jahre vom Tod Salomes im Jahr 67 bis zur Machtübernahme durch die Römer im Jahr 63 durch eine weitere Destabilisierung gekennzeichnet.

In der Spätphase der Hasmonäerherrschaft bildeten sich die religiösen Gruppierungen in Judäa heraus, die auch die Zeit Jesu und das Neue Testament prägten: die Pharisäer, Sadduzäer und Essener. In dieser Zeit – wahrscheinlich am Ende des 2. oder zu Beginn des 1. Jahrhunderts – entstand auch die Gemeinschaft von Qumran, die gegenüber den gräzisierten Hasmonäern ein unpolitisches und an den heiligen Schriften Israels orientiertes Judentum repräsentiert.

Qumran

Als 1947 nahe dem Ort *Ḫirbet Qumrān* am Toten Meer Tonkrüge mit Schriftrollen gefunden wurden, stellte die Forschung schnell die Verbindung zu den bei Josephus und den antiken Historikern genannten «Essenern» her, einer asketisch lebenden jüdischen Gemeinschaft (Plinius, Hist. nat. V,73). Demgegenüber steht das Stichwort «Qumran» jedoch zunächst für eine Gruppe, die sich als «die Gemeinschaft» (*ha-Jachad*) bezeichnete und für das «wahre Israel» hielt. Sie studierte die biblischen und parabiblischen Schriften und wurde so zu einem Träger der biblischen Überlieferung. Beides zeigt sich beispielhaft in der Gemeinderegel (1 QS V–VII), deren älteste Fassung an Psalm 1,1–2 anknüpft: «Wohl dem, der nicht wandelt im Rat der Gottlosen noch sitzt im Kreis der Spötter, sondern seine Lust hat an der Tora Jahwes und sinnt über seiner Tora Tag und Nacht.» Mit der Gemeinderegel gab sich die Qumrangemeinschaft eine Ordnung, «um sich von der Versammlung der Männer des Unrechts zu trennen und eine Gemeinschaft zu bilden in der Tora und im Besitz» (1QS V,1–2, Kratz, 2017, 229). Dies geschah, wie Anspielungen in einigen Texten verdeutlichen, in Abgrenzung vom Königtum der Hasmonäer. Der vielfach in der Qumranliteratur bezeugte «Lehrer der Gerechtigkeit» etwa wird einem «gottlosen Priester» gegenübergestellt (1QpHab XI,4–8), der Hasmonäer Alexander Jannai als «Löwe des Zorns» bezeichnet (4QpNah II,2.8; 4QpHos^{b} f2,1) und Johannes Hyrkan in einer Liste von Lügenpropheten genannt (4Q339). Historische Anspielungen wie die Beschreibung kriegerischer Handlungen (Jesaja-Pescher, 4Q161 f5–6,5–13) und andere Texte verweisen darauf, dass sich die Qumrangemeinschaft von den Makkabäern und Hasmonäern, aber auch von den Priestern und Leviten am Jerusalemer Tempel abgrenzte. Sie verstand sich als das wahre Israel, auf das der in den biblischen

Texten genannte «neue Bund» Gottes mit Israel hinausläuft (Jer 31,31; vgl. CD I–VIII; 1QS I–III).

Die unterschiedlichen Ordnungen in der Gemeinderegel (QS) und in der Damaskusschrift (CD) lassen erkennen, dass die Gemeinschaft mit der Zeit an verschiedenen Orten in Judäa lebte und die Regeln des Zusammenlebens den neuen Verhältnissen immer wieder anpasste. Wer aufgenommen werden wollte, musste sich strengen Regeln für seine Lebensführung unterwerfen. Die Gruppe war hierarchisch straff organisiert. Es gab leitende Ämter und verschiedene Klassen von Mitgliedern. In den Ordnungen (QS und CD) zeigt sich eine Orientierung an dem biblischen Ideal des Volkes Israel als einem Heerlager und einer von Priestern geführten Gemeinde (vgl. 4. Mose 3). Im Zentrum der von der Gemeinschaft gepflegten biblischen Überlieferung standen Gesetz und Gebete, denn das Leben nach dem Gesetz des Mose und das persönliche Gebet und Gotteslob gehörten für sie eng zusammen.

Die Bedeutung Qumrans liegt auch in den dort gefundenen Schriftrollen. Diese enthalten kurz zusammengefasst (1) die derzeit ältesten bekannten Handschriften der biblischen Bücher, (2) Abschriften einiger nicht in den biblischen Kanon aufgenommenen Schriften in aramäischer und hebräischer Sprache («Apokryphen»), und (3) Literatur, die der Gemeinschaft von Qumran direkt zuzuordnen ist, wie etwa die Gemeinschaftsregel (1QS), die Damaskusschrift (CD) oder die Hodajot (1OH^{a}).

Mit der Orientierung an einem «Lehrer der Gerechtigkeit», strengen Reinheitsvorschriften, einem starken Dualismus von Gut und Böse («Söhne der Finsternis», «Söhne des Lichts») oder der Erwartung eines endzeitlichen heiligen Krieges (1QM) ging die Gruppe zugleich über die biblischen Vorgaben hinaus.

Wenn man im 2. Jahrhundert ein Judentum suchte, das sich auf dem Boden der biblischen Überlieferung sah und von aller Politik und hellenistischem Einfluss fernhalten wollte, so konnte man dieses am Rand des Toten Meeres finden, nicht aber in Jerusalem oder Alexandria.

Ausblick: Palästina unter römischer Herrschaft von 63 v. Chr. bis zur Zerstörung des Zweiten Tempels 70 n. Chr.

Nach der Eroberung des Seleukidenreiches (64) und Palästinas (63) legte der römische Feldherr Pompeius die Grenzen Syrien/Palästinas neu fest. Palästina wurde dem römischen Statthalter Aulus Gabinius (58–54) unterstellt, der Konflikt zwischen den beiden Söhnen der Salome Alexandra bestand jedoch fort. Hyrkan II. war von ihr ursprünglich als Hoherpriester eingesetzt worden, Aristobul II. als Feldherr. Im römischen Bürgerkrieg zwischen Julius Cäsar und Pompeius ab 49 stellten sich Johannes Hyrkan II. und der Herrscher von Idumäa, Antipatros, auf die Seite Cäsars. Dieser belohnte die beiden nach seinem Sieg für ihre Loyalität. Hyrkan II. wurde zum «Freund Roms» ernannt und Antipatros zum Prokurator erhoben. In der Folge wurde der Sohn des Antipatros, Herodes, als römischer Statthalter in Galiläa eingesetzt. Nach der Ermordung Cäsars im Jahr 44 musste er nach Rom fliehen, wurde jedoch im Jahr 40 vom römischen Senat zum *rex socius et amicus populi* und damit zum König von Judäa ernannt. Damit kam die Herrschaft der Hasmonäer endgültig an ihr Ende und die der Herodianer begann.

Auch wenn Herodes durch die neutestamentliche Darstellung in ein negatives Licht gerückt wird (etwa durch die Legende vom Kindermord, Mt 2,16), war seine lange Herrschaft (37–4) über fast ganz Palästina (bis auf die freien Städte der «Dekapolis») doch eine Phase der Stabilität und wirtschaftlichen Blüte. Herodes baute zerstörte Festungen wieder auf, darunter Masada am Toten Meer, und errichtete diverse Festungsbauten. An der Küste entstand mit *Cäsarea Maritima* eine große Hafenstadt, die als hellenistische *Polis* mit zwei Tempeln, einem für Roma und einem für Augustus, ausgestattet war. Das größte Bauprojekt war jedoch der Tempel in Jerusalem. Zwischen 30 und 9/8 v. Chr. wurde der Tempelbezirk auf das Doppelte vergrößert und eine aus riesigen Quadersteinen gebaute Umfassungsmauer geschaffen, die auch heute noch zu sehen ist (an der Westmauer des Tempels, «Klagemauer» genannt). Das Heiligtum wurde so zum Handels- und Marktplatz der Stadt. Nördlich des Tempelbezirks errichtete Herodes die Festung Antonia.

Bereits gegen Ende der Regierungszeit des Herodes brachen Spannungen zwischen prohasmonäischen und proherodianisch-römischen Kreisen aus. Herodes war zwar mit der Hasmonäerin Mariamne, einer Tochter Alexanders, verheiratet, jedoch änderte dies nichts an den Rivalitäten, an denen sich auch die Herodessöhne beteiligten. Da das Jerusalemer Königtum als sogenanntes Klientelkönigtum von Rom aus personenbezogen war, wurde die Nachfolge von Kaiser Augustus (31 v. Chr. – 6 n. Chr.) geregelt. Dieser teilte die Herrschaft kurzerhand unter den Söhnen des Herodes auf. Archelaus wurde Judäa, Samaria und Idumäa zugesprochen, Herodes Antipas erhielt Galiläa und Peräa und Philippus die ostjordanischen Gebiete. Als Archelaus das Volk und die führenden Kreise in Jerusalem gegen sich aufbrachte, wurde er im Jahr 6 n. Chr. nach Gallien verbannt und seine Tetrachie der direkten römischen Kontrolle unterstellt. Die Kapitalgerichtsbarkeit und Steuerhoheit gingen vom Synhedrion in Jerusalem an den Präfekten in Cäsarea Maritima über.

Die Neuorganisation des Herrschaftsgebietes von Archelaus unter dem kaiserlichen Sondergesandten Quirinius wird im Neuen Testament mit dem Jahr der Geburt Jesu in Verbindung gebracht (Lk 2,1–4). Während der Zeit Jesu regierte in Galiläa Herodes Antipas (4 v. Chr. – 39 n. Chr.). Als dieser verbannt wurde, folgte ihm Herodes Agrippa I. (39–44 n. Chr.). Nachdem Kaiser Claudius ihm auch Judäa, Samaria und Idumäa unterstellt hatte, herrschte Agrippa I. fast über das gesamte Gebiet des alten Königtums Herodes des Großen.

Bereits zu seiner Zeit, verstärkt aber nach dem Tod Agrippas I. im Jahr 44 kam es zu Unruhen und Massenprotesten gegen die Römer. Auslöser waren der Kaiserkult sowie politisch-wirtschaftliche Veränderungen, namentlich die erneute Unterstellung unter den Statthalter von Cäsarea Maritima. Die Gruppe der Zeloten («Eiferer»), die von ihren Gegnern «Banditen» oder auch «Sikarier» («Dolch-Kämpfer») genannt wurden, zettelte eine nationale Aufstandsbewegung im Stil der Makkabäer an. Die als «jüdischer Krieg» bezeichneten Kämpfe der

Jahre 66–70 wurden durch die Römer gewaltsam beendet. Vespasian wurde von Kaiser Nero das Kommando über den jüdischen Krieg übertragen. Als er 69 selbst Kaiser wurde, beauftragte er seinen Sohn Titus mit der Niederwerfung des Aufstandes in Judäa. Jerusalem wurde belagert und fiel im Jahr 70. Der Tempel wurde geplündert, in Brand gesteckt und vollständig zerstört. Die Römer bauten Jerusalem zu einer paganen Stadt aus und gaben ihr den Namen Aelia Capitolina. Die Provinz Judäa wurde in *syria palaestina* umbenannt. Damit kam die Geschichte des Zweiten Tempels an ihr Ende.

Zusammenfassung

Wie für die Jahrhunderte zuvor gilt auch für die hellenistische Epoche, dass Jerusalem eine relativ unbedeutende Tempelstadt war. Das änderte sich erst, als unter den Ptolemäern das Hohepriesteramt erblich und die Finanzierung des Jerusalemer Tempels über eine eigene Steuer gesichert wurde. Die Hohenpriester positionierten sich in den Auseinandersetzungen des 3. und 2. Jahrhunderts unterschiedlich gegenüber den rivalisierenden Ptolemäern und Seleukiden und sahen sich von Anfang an Spannungen innerhalb Jerusalems ausgesetzt. Das Gegenüber zwischen den Familien der Oniaden und Tobiaden bestimmte die Konflikte zur Zeit der Ptolemäer und Seleukiden. Am Ende dieser Entwicklung von gut zweihundert Jahren stand das Königtum der Hasmonäer, mit dem erstmals seit 587/86 wieder ein einheimischer König in Jerusalem regierte. Es ist bezeichnend, dass dieses Königtum trotz aller gegenteiligen Rhetorik gerade nicht traditionell ausgerichtet war, sondern deutlich hellenistische Züge trug.

Der hellenistische Einfluss, der bereits in der zweiten Hälfte der Perserzeit im Bildprogramm der Münzen erkennbar ist, nahm im 3. und 2. Jahrhundert erheblich zu. Die politische Agenda der Ptolemäer mit der Ausbildung einer Elite, die zweisprachig war und Führungsaufgaben im Ptolemäerreich übernehmen sollte, führte vermutlich schon im 3. Jahrhundert zu stärkeren Hellenisierungsmaßnahmen in Judäa. Die Religionspolitik der Seleukiden knüpfte daran an. Die in der biblischen Literatur als «Gräuel der Verwüstung» bezeichnete Umdeutung des Jahwe-Kults in Jerusalem zu einem Kult für Zeus Olympios unter Antiochos IV. Epiphanes (164) dokumentiert den Blickwinkel einer konservativen Gruppe am Jerusalemer Tempel, die historisch gesehen die Minderheit war, jedoch die Entwicklung des antiken Judentums entscheidend prägen sollte. Die «Frommen», die als «Hasidäer» in den Psalmen und als «Asidim» in den Qumranschriften belegt sind, gewannen immer stärker an Bedeutung. Durch die Politisierung der Jerusalemer Tempelgemeinde und des Hohenpriesteramtes kam es zur weiteren Ausdifferenzierung des antiken Judentums. Mit der Flucht Onias' IV. um 170 nach Ägypten und der Gründung des Tempels von Leontopolis/Heliopolis entstand eine neue Jahwe-Gemeinschaft in Ägypten und mit der Ansiedlung einer Gruppe konservativer Schriftgelehrter am Toten Meer eine weitere in Palästina/Israel.

Damit gab es am Vorabend der römischen Herrschaft mehrere Gestalten des antiken Judentums. Mit Alexandria und Qumran standen sich zwei unterschiedliche Konzepte jüdischer Identität gegenüber. Auf der einen Seite das hellenisierte Diasporajudentum, das kulturell offen war und mit der Septuaginta, der griechischen Übersetzung der Hebräischen Bibel, über eine eigene heilige Schrift verfügte, und auf der anderen Seite das Judentum von Qumran, das sich an die Vorgaben von Gesetz, Propheten und Schriften hielt, diese jedoch eigenständig weiterdachte. Zwischen diesen Polen können andere Formen religiöser Identität verortet werden, wie die streng an der Tora ausgerichtete Jahwe-Gemeinschaft auf dem Garizim, das hellenisierte politische Königtum der Hasmonäer in Jerusalem und die ägyptischen Diasporagemeinden in Leontopolis, Heliopolis und Herakleopolis, in denen nach allem, was man derzeit weiß, die Tora keine besondere Rolle spielte.

Diese Vielfalt hat die Literaturproduktion in der Zeit des Zweiten Tempels entscheidend geprägt. Denn was uns im Alten Testament begegnet, ist zu einem nicht geringen Teil das Werk von Schreibern aus der persischen und hellenistischen Epoche.

Literaturhinweise

In der Folge werden zu den einzelnen Kapiteln dieses Buches weiterführende Artikel aus dem «Wissenschaftlichen Bibellexikon im Internet» (www.wibilex.de) und ausgewählte Sekundärliteratur genannt.

Altorientalische Texte, die in Abkürzungen zitiert werden

DJE = L. E. Pearce / C. Wunsch, Documents of Judean Exiles and West Semites in Babylonia in the Collection of David Sofer, 2014.

HAE = J. Renz / W. Röllig, Handbuch der althebräischen Epigraphik, 3 Bde., ²2016.

HTAT = M. Weippert (unter Mitarbeit von J. F. Quack, B. U. Schipper und S. J. Wimmer), Historisches Textbuch zum Alten Testament, 2010.

KAI = H. Donner / W. Röllig, Kanaanäische und aramäische Inschriften, 3 Bde., ³1971–1976.

TUAT = O. Kaiser (Hg.), Texte zur Umwelt des Alten Testaments, 3 Bde. + Erg., 1981–2001.

TUAT.NF = B. Janowski / G. Wilhelm / D. Schwemer (Hg.), Texte zur Umwelt des Alten Testament. Neue Folge, 8 Bde., 2004–2015.

Allgemeine Darstellungen

WiBiLex: Archäologie Palästinas (D. Vieweger); Jerusalem (K. Bieberstein).

Donner, H., Geschichte des Volkes Israel und seiner Nachbarn in Grundzügen, 2 Bde., ⁴2008.

Frevel, C., Geschichte Israels, 2016.

Keel, O., Die Geschichte Jerusalems und die Entstehung des Monotheismus (2 Bde.), 2007.

Kratz, R. G., Historisches und biblisches Israel, ²2017.

Einleitung

WiBiLex: Annalen (K. Weingart); Chronologie, archäologische (D. Jericke); Chronologie, biblische, AT (C. Berner); Deuteronomismus (T. Römer); Esra-Nehemia-Buch (T. Hieke), Geschichte / Geschichtsschreibung, AT (M. Witte); Land (J. C. de Vos); Maat (J. F. Quack); Schlacht bei Qadesch (T. von der Way); Weltreiche (R. Liwak).

Gertz, J. Chr. (Hg.), Grundinformation Altes Testament, ⁵2016.

Levin, C., Das Alte Testament, ⁵2018.

Rüsen, J., Zeit und Sinn. Strategien historischen Denkens, 1990.

Schmid, K., Literaturgeschichte des Alten Testaments, 2008.

1. Die Anfänge und die Frühgeschichte Israels (1208–926/25 v. Chr.)

WiBiLex: Abdi-Chepa (S. Lauberer); Abraham (T. Hieke); Amarnabriefe (M. Müller); Beth-Schean (K. Koenen); Eisenzeit I (U. Zwingenberger); Hebräer / Hapiru (D. Jericke); Izbet Ṣarṭa (→ Eben Eser [E. Gass]); Mose (J. Chr. Gertz); Neues Reich (K. Jansen-Winkeln); Philister (C. Ehrlich); Scheschonq / Schischak (K. Jansen-Winkeln); Stamm / Stammesgesellschaft (C. Schäfer-Lichtenberger); Staat AT (W. Oswald); Tochter Pharaos (B. U. Schipper).

Dever, W., Beyond the Texts. An Archaeological Portrait of Ancient Israel and Judah, 2017.

Levy, T. E. / Schneider, T. / Propp, W. H. C. (Hg.), Israel's Exodus in Transdisciplinary Perspective, 2015.

Niemann, H. M., Juda und Jerusalem, Ugarit-Forschungen 47 (2016), 148–190.

2. Israel und Juda bis zur Eroberung Samarias (926/25–722/20 v. Chr.)

WiBiLex: Aram / Aramäer (H. Niehr); Assyrien / Assyrer (J. Renz); Dan (W. Zwickel); Eisenzeit II (D. Jericke); Geschur (F. Schücke-Jungblut); Inschrift von Tel Dan (J. Robker); Mescha / Meschastele (T. Wagner); Moab / Moabiter (U. Hübner / K. Koenen); Omri (D. Jericke); Schlacht von Qarqar (T. Wagner).

Bagg, A. M., Die Assyrer und das Westland, 2011.

Finkelstein, I., Das vergessene Königreich, [2]2014.

3. Das Königreich Juda bis zur Eroberung Jerusalems 587/86 v. Chr.

WiBiLex: Asarhaddon (A. Bagg); Chirbet el-Mšāš (D. Jericke); Elteke (K. Koenen); Gedalja (H.-J. Stipp); Hiskia (R. Heckl); Necho II. (A. Schütze); Jojachin (H.-J. Stipp); Jojakim (H.-J. Stipp); Josia (M. Pietsch); Ramat Rahel (M. Oeming); Zerstörung Jerusalems 587/86 (K. Koenen).

Grabbe, L. L. (Hg.), Good Kings and Bad Kings, 2005.

Schipper, B. U., Israel und Ägypten in der Königszeit, 1999.

4. Die Perserzeit (550–333 v. Chr.)

WiBiLex: Babylonien (J. Renz); Exil / Exilszeit (T. Wagner); Diaspora AT (J. Kiefer); Elephantine (A. Rohrmoser); Gemeinde (T. A. Rudnig); Kyrosedikt (B. Becking); Monotheismus AT (M. Bauks); Münze (U. Hübner); Provinz, persisch (J. Wiesehöfer); Rückwandererliste (S. Grätz); Samaritaner (M. Böhm); Tora AT (W. Oswald).

Albertz, R., Die Exilszeit, 2001.

Kratz, R. G., Das Judentum im Zeitalter des Zweiten Tempels, [2]2013.

Lipschits, O. / Oeming, M. (Hg.), Judah and the Judeans in the Persian Period, 2006.

Lipschits, O. / Knoppers, G. N. / Albertz, R. (Hg.), Judah and the Judeans in the Fourth Century B. C. E., 2007.

Wiesehöfer, J., Das antike Persien, 2006.

5. Das hellenistische Zeitalter (333–63 v. Chr.)

WiBiLex: Antiochus IV. Epiphanes (F. Ueberschaer); Aristeasbrief (M. Tilly); Hasidäer (D. Lambers-Petry); Hasmonäer (D. Lambers-Petry); Heliopolis (D. Raue); Hellenismus (M. Sigismund); Hermopolis (D. Kessler); Herodes (→ Antipas [C. Böttrich]); Hohepriester (K. Backhaus); Jahwe (B. Becking); Makkabäer (D. Lambers-Petry); Onias / Oniaden (F. Ueberschaer); Qumran-Handschriften (A. Steudel); Seleukus / Seleukiden (F. Ueberschaer); Septuaginta AT (C. Ziegert / S. Kreuzer); Tobiaden (F. Ueberschaer).
Cohen, S. J. D., The Beginnings of Jewishness, 1999.
Grabbe, L. L. / Lipschits, O. (Hg.), Judah between East and West, 2011.
Schäfer, P., Geschichte der Juden in der Antike, [2]2010.
Stökl Ben Ezra, D., Die Texte vom Toten Meer und das antike Judentum, 2016.

Archäologische Epochen

Mittelbronzezeit II	2000–1550 v. Chr.
Spätbronzezeit I	1550–1400 v. Chr.
Spätbronzezeit IIA	1400–1300 v. Chr.
Spätbronzezeit IIB	1300–1150 v. Chr.
Eisenzeit IA	1200–1140 v. Chr.
Eisenzeit IB	1140–980 v. Chr.
Eisenzeit IIA	980–840/30 v. Chr.
(Eisenzeit IIA früh	980–925 v. Chr.)
(Eisenzeit IIA spät	925–830 v. Chr.)
Eisenzeit IIB	830–700 v. Chr.
Eisenzeit IIC	700–587 v. Chr.
Eisenzeit III (babylon.-persische Zeit)	587–450 v. Chr.
(Perserzeit I	539–450 v. Chr.)
Perserzeit II	450–333 v. Chr.
Hellenistische Zeit	333–37 v. Chr.
Römische Zeit	37 v. Chr. – 324 n. Chr.

Zeittafel

Wie im ganzen Buch dienen die Regierungsdaten der alttestamentlichen Könige nur der Orientierung und sind nicht als historisch genaue Zahlen zu verstehen.

Ägypten	**Palästina/Israel**	**Mesopotamien** *(Hethiter)*
Ramses II. 1279–1213	*1274 Schlacht bei Qadesch*	Muwatalli II. 1290–1272
Amenophis IV. 1353–1336	*1350 Amarna-Korrespondenz*	
Merenptah 1213–1203	*1208 Merenptah-Stele*	
(21. Dynastie 1076–944)	David 1004/3–965/64	*(Neuassyrer)*
Siamun 978–959	Salomo 965/4–926/25	Assurdan II. 934–912
Psusennes II. 959–945		
(22. Dynastie 943–ca. 746)		
Scheschonq I. 943–923	Rehabeam 926–910	
	Omri 882–871	
	Schlacht bei Qarqar (853)	Salmanassar III. 858–824
	Mescha-Stele (nach 850)	
	Tribut des Jehu (841)	
(24. Dynastie)		Tiglatpileser III. 745–727
Osorkon IV. 730–715	Hoschea 732–723	Salmanassar V. 727–722
		Sargon II. 722–705
	Eroberung Samarias 722/20	
(25. Dynastie, 722–655)		
Schabaka ca. 722–707	Hiskia 725–697	Sanherib 705–681
Schebitku ca. 702–690	Manasse 696–642	Asarhaddon 681–669
Taharka 690–664		Assurbanipal 669–630
(26. Dynastie, 664–525)		*(Neubabylonier)*
Psammetich I. 664–610	Josia 639–609	Nabopolassar 625–605
Necho II. 610–595	Jojakim 608–598	Nebukadnezar II. 605–562

Psammetich II. 595–589	Jojachin 598/97	
	1. Eroberung Jerusalems 598/97	
Apries 589–570	Zedekia 598/97–587/86	
	2. Eroberung Jerusalems 587/86	
		(Perser) Kyros II. 559–530
(27. Dyn. 1. Perserherrschaft 525–404)		Kambyses II. 530–522
519/8 Udjahorresene		Dareios I. 522–486
464–454 Inaros-Rebellion		Artaxerxes I. 465–424/3
(28. Dynastie, 404–399)	*407 Elephantine-Brief*	Dareios II. 424–404
(29. Dynastie 399–380)		Artaxerxes II. 404–359
(30. Dynastie 380–343)		
(2. Perserherrschaft, 343–332)		*(Griechen)* Alexander der Große 336–323
(Ptolemäer 323–30)		
	(274–168 Sechs syrische Kriege)	*(Seleukiden 312–64)*
Ptolemaios II. Philadelphos 285–246		Antiochos I. Soter 281–261
Ptolemaios IV. Philopator 221–204		Antiochos III. Megas 222–187
Ptolemaios VI. Philometor 180–145	(167–143/42 Makkabäeraufstände)	Antiochos IV. Epiphanes 175–164
	(135/34–37 Königtum der Hasmonäer)	
	(Römer in Palästina) Herodes der Große 37–4 v. Chr.	
	Herodes Antipas 4 v. Chr. – 39 n. Chr.	
	(66–70 n. Chr. Jüdischer Krieg)	
	(70 n. Chr. Zerstörung des 2. Tempels)	

Karte 2: Palästina/Israel um 1400 und 1200/1100 v. Chr.

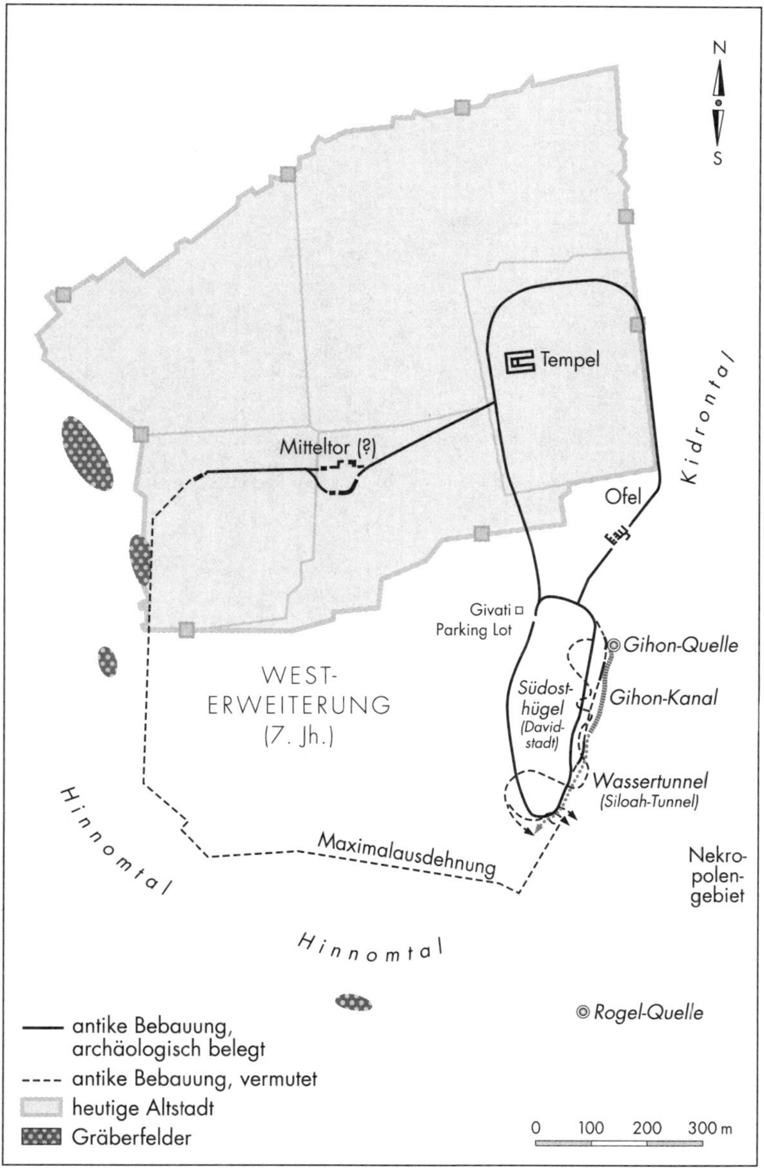

Karte 3: Jerusalem

Register

Personen

Orte (Auswahl)